Carl-Auer

Werner Vogd

Der ermächtigte Meister

Eine systemische Rekonstruktion am Beispiel des Skandals um Sogyal Rinpoche

2019

Mitglieder des wissenschaftlichen Beirats des Carl-Auer Verlags:

Prof. Dr. Rolf Arnold (Kaiserslautern)
Prof. Dr. Dirk Baecker (Witten/Herdecke)
Prof. Dr. Ulrich Clement (Heidelberg)
Prof. Dr. Jörg Fengler (Köln)
Dr. Barbara Heitger (Wien)
Prof. Dr. Johannes Herwig-Lempp (Merseburg)
Prof. Dr. Bruno Hildenbrand (Jena)
Prof. Dr. Karl L. Holtz (Heidelberg)
Prof. Dr. Heiko Kleve (Witten/Herdecke)
Dr. Roswita Königswieser (Wien)
Prof. Dr. Jürgen Kriz (Osnabrück)
Prof. Dr. Friedebert Kröger (Heidelberg)
Tom Levold (Köln)
Dr. Kurt Ludewig (Münster)
Dr. Burkhard Peter (München)
Prof. Dr. Bernhard Pörksen (Tübingen)
Prof. Dr. Kersten Reich (Köln)

Prof. Dr. Wolf Ritscher (Esslingen)
Dr. Wilhelm Rotthaus (Bergheim bei Köln)
Prof. Dr. Arist von Schlippe (Witten/Herdecke)
Dr. Gunther Schmidt (Heidelberg)
Prof. Dr. Siegfried J. Schmidt (Münster)
Jakob R. Schneider (München)
Prof. Dr. Jochen Schweitzer (Heidelberg)
Prof. Dr. Fritz B. Simon (Berlin)
Dr. Therese Steiner (Embrach)
Prof. Dr. Dr. Helm Stierlin (Heidelberg)
Karsten Trebesch (Berlin)
Bernhard Trenkle (Rottweil)
Prof. Dr. Sigrid Tschöpe-Scheffler (Köln)
Prof. Dr. Reinhard Voß (Koblenz)
Dr. Gunthard Weber (Wiesloch)
Prof. Dr. Rudolf Wimmer (Wien)
Prof. Dr. Michael Wirsching (Freiburg)

Umschlaggestaltung: Uwe Göbel mit Nicole Lorenz
Umschlagfoto: Uwe Göbel
Satz: Drißner-Design u. DTP, Meßstetten
Printed in Germany
Druck und Bindung: CPI books GmbH, Leck

Erste Auflage, 2019
ISBN 978-3-8497-0282-3 (Printausgabe)
ISBN 978-3-8497-8173-6 (ePUB)
© 2019 Carl-Auer-Systeme Verlag
und Verlagsbuchhandlung GmbH, Heidelberg
Alle Rechte vorbehalten

Bibliografische Information der Deutschen Nationalbibliothek:
Die Deutsche Nationalbibliothek verzeichnet diese Publikation
in der Deutschen Nationalbibliografie; detaillierte bibliografische
Daten sind im Internet über http://dnb.d-nb.de abrufbar.

Informationen zu unserem gesamten Programm, unseren Autoren
und zum Verlag finden Sie unter: **www.carl-auer.de**.

Wenn Sie Interesse an unseren monatlichen Nachrichten haben,
abonnieren Sie den Newsletter unter http://www.carl-auer.de/newsletter.

Carl-Auer Verlag GmbH
Vangerowstraße 14 • 69115 Heidelberg
Tel. +49 6221 6438-0 • Fax +49 6221 6438-22
info@carl-auer.de

Inhalt

Vorwort 8

1 **Einleitung** 11
   Nicht Partei ergreifen, sondern Beziehungen verstehen 13
   Spiritualität, Verliebtsein und das Risiko der Liebe 14
   Die Grenze zwischen Illusion und berechtigter Blindheit 16
   Richtiges und falsches Schweigen hören sich gleich an 18
   Unterschiede, die den Unterschied machen 18

2 **Die Lehren des tibetischen Buddhismus** 20
   Der tantrische Buddhismus – Sich selbst als erleuchtetes
      Wesen projizieren 23
   Crazy Wisdom und die Samaya-Verpflichtungen 26
   Gegenbalance der Macht 28

3 **Eine kurze Chronologie Rigpas und**
   der Skandal um Sogyal Rinpoche 31
   Tibetischer Buddhismus für den westlichen Geist 31
   Die Krise 33
   Böse Dämonen 37

4 **Gelebte Spiritualität – Missbrauch hebt**
   den Gebrauch nicht auf 40
   Ein charismatischer Lehrer 40
   Diese grundlegende Zufriedenheit 41
   Mit Welten ohne Grund vertraut werden 41

5 **Eine systemische Methodologie – Netzwerke von Positionen**
   und ihre wechselseitige Konditionierung 44
   Mehrdeutigkeit und Polyvalenz der Alltagskommunikation 45

5.1 **Polykontexturalität – Arrangements divergierender**
    Perspektiven 48
    Das Tetralemma: ja, nein, sowohl als auch, weder noch –
       und selbst das nicht 51
    Subjektives Erleben, doch kein inneres Seelenwesen –
       Günthers Leerstellengrammatik 53
    Leiblichkeit polykontextural –
       Worte schnappen in den Körper hinein 54

5.2 Von der Sprache zum Text zum polykontexturalen
Arrangement 55
    Polyphonie – Stimmen und Standorte in Beziehung 57
    Modalitäten – Distanzierungen und Identifizierungen 58
    Einfache und komplexe Negationen –
    Es kommt (nicht) darauf an 60
    Auf zu einer mehrwertigen Hermeneutik – Welche Beziehungs-
    räume werden eröffnet (und welche Türen schließen sich)? 62

6 Ambivalenzen in der Lehrer-Schüler-Beziehung 64

6.1 Hoffnungen und Zweifel – Frau Klinge, die Novizin 65
    Die einfache Sehnsucht eines komplexen Menschen 65
    Die Leerstellengrammatik – Pendeln zwischen Hoffnung
    und Angst vor Manipulation 69

6.2 Den Zweifel beiseiteschieben – Herr Martini,
Kursleiter im lokalen Rigpa-Zentrum 72
    Analogien und Verwechslungen – Eine Beziehung oder
    ein Rollenverhältnis? 73
    Das Paradoxon von des Kaisers neuen Kleidern 76

6.3 Das Kippen des Arrangements –
Herrn Klemmers Ausstieg 79
    Nicht die Fakten, sondern die Werte in den Positionen
    bestimmen das Arrangement 82

6.4 Faktoren, die bestimmte Weltverhältnisse stabilisieren 84
    Induktion meditativer Erfahrungen – Die Einführung
    in die Natur des Geistes 85
    Zweifel als Frevel – Verwirrungen, die entstehen,
    wenn Form und Inhalt verwechselt werden 87
    Plausibilisierung magischer Kausalitäten – Die Konstruktion
    des allmächtigen Lama 89
    Schwarze Magie – Konstruktionen der Angst 89
    Die Gemeinschaft der Praktizierenden – Eine neue Familie 92
    Keine gescheiterten, sondern oftmals auch im weltlichen
    Leben erfolgreiche Menschen 92

6.5 Auf die Sicht kommt es an?! 95
    Den Boden unter den Füßen verlieren 95
    Jenseits von Traumatisierung und kritikloser Affirmierung –
    Alternative Arrangements 97
    Objektivierung – Ein Mensch kann in Ungnade fallen,
    doch als Lehrer steht er nicht infrage 97

Subjektivierung – Es kommt nicht darauf an, was der Lama
  ist, sondern wie du ihn siehst 100
*Die Unvollkommenheit annehmen – Kritik und Liebe
  schließen sich nicht aus* 104
*Arrangements des Glaubens
oder Spiritualität des Nichtwissens* 105

7 Verwirrte Spiritualität – Drei fundamentale Verwechslungen ... 107

7.1 Immanente Transzendenz oder magisch aufgeladene Immanenz 107

Erleuchtung ist nichts, das man wirklich wünschen würde 108
Die Ambivalenz der tibetischen Lehren 111
Wohlwollendes Patronat oder illegitime Verklärung von Macht 111
Der trügerische Trick objektivierter Transzendenz 113
Der Wille zum Glauben und die Gruppe, welche
  den Glauben bestätigt 115
Performative Akte der Selbstbestätigung
  erfolgreicher Institutionen 118

7.2 Richtiges und falsches Schweigen........................... 119

*Ontologische Verwirrung – Tatsachen werden mit
  Beziehungen verwechselt* 123
Kultivierung von Unwissenheit 124

7.3 Illegitime und berechtigte Blindheit......................... 126

Nachwort 130
Literatur 133
Über den Autor 137

Vorwort

Eine von vielen Menschen geschätzte und verehrte öffentliche Person – der spirituelle Leiter eines weltweiten Netzwerkes des tibetischen Buddhismus – ist in Ungnade gefallen.
Was nicht sein kann, darf nicht sein, und wenn sich die Vorwürfe nicht mehr überhören lassen, ist die Enttäuschung kaum aushaltbar. Die einen können und wollen es immer noch nicht glauben. Andere wenden sich empört ab. Dritte versuchen zu retten, was noch zu retten ist. Hilfe von außen wird gesucht.
So unglaublich das Vorgeworfene zu sein scheint – der spirituelle Meister war doch so großartig, und so viele Menschen haben von ihm profitiert –, so schnell sind Erklärungen bei der Hand, und auch moralische Urteile lassen nicht lange auf sich warten. Was vorher undenkbar schien, scheint jetzt so einfach und offensichtlich zu sein. Man ist enttäuscht worden, und damit scheinen auch die Rollen von Opfer und Täter klar zu sein.
Aber stellt sich das Verhältnis von Täuschung und Enttäuschung wirklich so einfach dar? Hat man nicht selbst auch getäuscht – sich selbst und andere? Wollte man nicht auch getäuscht werden? Und wie sieht es mit den eigenen Projektionen auf den Lehrer aus? Vielleicht war man sogar froh, einen Lehrer der »verrückten Weisheit« zu haben, der es mit der Moral nicht so genau nimmt?
Bei genauerem Hinsehen zeigt sich hier ein komplexes Geflecht aus Beziehungen. Entsprechend bedarf es eines systemischen Blicks, um es aufschließen und verstehen zu können. Hiermit landen wir bei dem Kernanliegen dieses Buches.
Anhand von Gesprächen, die mit Schülern und Schülerinnen Sogyal Rinpoches und aktiven Mitgliedern der von ihm gegründeten Rigpa-Gemeinschaft geführt wurden, werden wir versuchen zu rekonstruieren, wie sich Sichtweisen und unterschiedliche Positionen wechselseitig stabilisieren. Dabei wird sichtbar, dass auch das vermeintlich individuelle spirituelle Erleben eine Systemeigenschaft darstellt, also erst innerhalb einer spezifischen Relation in einem übergreifenden Rollengefüge möglich wird. Spiritualität wird gemeinsam hergestellt, ebenso wie die hiermit möglicherweise einhergehenden Täuschungen und Enttäuschungen.

Aber auch die Täuschung stellt eine Systemeigenschaft dar, die nicht von einem Einzelnen gemacht werden kann. Erwartungen treffen auf Erwartungen und bestätigen sich in zirkulärer Resonanz, sodass die mit den Erwartungen verbundenen Hoffnungen wirklicher erscheinen als die weiterhin mitschwingenden Zweifel.

Was dies bedeutet, möchte ich an einem Beispiel darstellen, das ich im Rahmen einer Feldforschung in einem städtischen Krankenhaus erleben durfte.

Ein 60 Jahre alter Mann kam mit einem schweren Tumorleiden erneut ins Krankenhaus. Die Chirurgen gelangten aufgrund der Krankenakte und aktueller Röntgenbilder schnell zu dem Schluss, dass man nicht mehr operieren könne, da die Krankheit zu weit fortgeschritten sei. Im Arztzimmer erklärte mir die Fachärztin die Entscheidung. Ich fragte sie noch, ob jetzt allein die Ärzte dies entscheiden würden. Sie antwortete mir entrüstet: »Ja klar, wir entscheiden, denn Patienten können ja die medizinische Sachlage nicht korrekt einschätzen.« Am Nachmittag begleitete ich die Ärztin und die Oberärztin zu einer Visite. Im Patientenzimmer schaute der Patient die Ärztinnen mit großen, leiden- und hoffnungausdrückenden Augen an. An die ältere Chirurgin richtete er die flehende Bitte: »Bitte helfen Sie mir, bitte operieren sie mich noch einmal.« Die Chirurgin antwortete: »Ja, wir operieren Sie morgen.« Am nächsten Tag wurde der Patient in den OP-Saal gefahren. Der chirurgische Eingriff konnte jedoch, wie von den Ärzten vorhergesagt, sein Leiden nicht mehr lindern.

In dieser Situation habe ich verstanden, dass die Ärzte, auch wenn sie es glauben mögen, nicht »Kapitän des Schiffes« sind. Die Erwartungen, welche ihnen die Patienten entgegenbringen, lassen sie als »Halbgott in Weiß« erscheinen. Und die Akteure, denen diese erhabenen Qualitäten zugeschrieben werden, möchten dies glauben, denn die hiermit einhergehenden Gefühle der Macht, der Bestätigung des Helfenwollens und des eigenen Gutseins sind so intensiv, dass sie jeden vernünftigen Einwand zu überschreiben drohen. All dies macht es nachvollziehbar, dass Menschen in entsprechenden Rollen dazu neigen, die damit verbundenen Erwartungen nicht zu enttäuschen – wenngleich hierdurch alle Beteiligten auf einer tieferen Ebene getäuscht und verletzt werden.

Im Sinne der alten Frage – was zuerst war, die Henne oder das Ei – lässt sich auch in diesem Fall kein Anfang ausmachen. Alle Beteiligten sind Opfer einer Systemdynamik. Auch wenn dies nicht die

Verantwortung derjenigen Menschen aufhebt, die an den entscheidenden Positionen dieses Rollengefüges sitzen, wird doch klar, was sie gerade auch auf emotionaler Ebene leisten müssten, um nicht den Versuchungen der ihnen zugeschriebenen Macht und Kompetenz nachzugeben.

Gleiches gilt selbstredend für den spirituellen Meister, dem die Fähigkeit zugeschrieben wird, seine Schülerinnen und Schüler zur Erleuchtung zu führen. Auch er steht vor der immensen Herausforderung, im Angesicht dieser Erwartungen mit den ebenso schmeichelnden wie trügerischen Gefühlen, die ein »Halbgott« verspüren mag, umzugehen.

Ich hoffe, dass dieses Buch – jenseits moralischer Urteile – dazu beitragen kann, in einer solchen Weise Licht auf die Problematik zu werfen, dass Menschen – egal, wo sie stehen – in Zukunft etwas besser mit derartigen Rollenverhältnissen umgehen können.

An dieser Stelle ist zunächst der Deutschen Forschungsgemeinschaft für die Finanzierung des dieser Monografie zugrunde liegenden Forschungsprojektes zu danken. In diesem Rahmen konnten wir in den Jahren 2013 bis 2018 in Deutschland mehr als 100 Interviews mit Praktizierenden aus sechs buddhistischen Schulen (darunter auch RIGPA) führen und auswerten. Es wurden Gespräche mit Anfängern, Fortgeschrittenen und Lehrern geführt sowie mit Drop-outs, welche die Gruppe bzw. Schule verlassen haben. Die Namen der Gesprächspartner wurden verfremdet, damit sie nicht von Außenstehenden identifiziert werden können. Aus diesem Grund werden auch keine näheren Informationen zum genauen Kontext der Interviews gegeben.

Darüber hinaus gebührt Selma Ulrike Ofner und Jonathan Harth mein nachdrücklicher Dank. Sie haben viele der Interviewgespräche geführt, bei der Auswertung geholfen sowie eine Vielzahl von wertvollen Hinweisen zu den einzelnen Kapiteln dieses Buches gegeben.

Vor allem ist jedoch den vielen Interviewpartnern zu danken, die uns allesamt wichtige Einblicke in ihr spirituelles Leben und die hiermit einhergehenden Krisen gegeben haben.

Werner Vogd
Witten, im Mai 2018

1 Einleitung

»Wir sind auf eine Weise durch die Anrede anderer verletzlich, die wir so wenig kontrollieren können, wie wir die Sphäre der Sprache kontrollieren können, aber heißt das, dass wir nicht handlungsfähig und nicht verantwortlich sind? Für Lévinas, der Verantwortung und Handlungsfähigkeit voneinander trennt, entsteht Verantwortung dadurch, dass wir der ungewollten Anrede durch den anderen ausgesetzt sind. [...] Vor dem Ich, das eine Entscheidung trifft, bedarf es des *Außerhalb des Seins*, wo das Ich sich in der Anklage abzeichnet. [...] Ich [bin] *nicht* primär aufgrund meiner Handlungen verantwortlich, sondern aufgrund meiner Beziehung zum anderen, die sich auf der Ebene meiner primären und irreversiblen Empfänglichkeit bildet, meiner Passivität, die jeder Möglichkeit zu handeln oder zu entscheiden vorausgeht. [...] Vielmehr ist es mein Vermögen, *dass auf mich eingewirkt werden kann*, das mich in eine Verantwortungsbeziehung einbindet« (Judith Butler).[1]

»Im Angesicht des Zweifels zu leben, die Augen glücklich geschlossen, hieße, sich in die Welt zu verlieben. Denn sollte es eine berechtigte Blindheit geben, dann besitzt nur die Liebe sie. Und entdeckt man, dass man sich in die Welt verliebt hat, dann wäre man schlecht beraten, ihren Wert durch den Hinweis auf ihr System der Endursachen lobend zu unterstreichen. Denn damit schwände wohl die Verliebtheit, und man könnte dadurch vergessen, dass die Welt, so wie sie ist, Wunder genug ist« (Stanley Cavell).[2]

»Nicht *wie* die Welt ist, ist das Mystische, sondern *dass* sie ist« (Ludwig Wittgenstein).[3]

Der Gegenstand dieses Buches bringt es mit sich, dass die Reise durch die folgenden Kapitel einer Achterbahnfahrt gleicht. Zunächst fühlen wir – das heißt der Autor sowie die Mitglieder des Forschungsprojekts, welche das diesem Text zugrunde liegende Material erhoben und ausgewertet haben – uns verpflichtet, die Spiritualität der Menschen, mit denen wir gesprochen haben, ernst zu nehmen und um nichts in der Welt der Lächerlichkeit preiszugeben. Zugleich sind im Verlauf unserer Untersuchung sehr schwere Missbrauchsvorwürfe gegenüber

---
1 Butler (2014, S. 115 ff.; Hervorh. im Orig.).
2 Cavell (2016, S. 684).
3 Wittgenstein (1990, 6.44; Hervorh. im Orig.).

Sogyal Rinpoche, dem ehemaligen spirituellen Leiter von Rigpa, öffentlich geworden, die keinesfalls auf die leichte Schulter genommen werden können. Im Zusammenhang mit unseren Recherchen sind wir vielen Menschen begegnet, die ihrem Lehrer unendlich dankbar sind und weiterhin große Hingabe an ihn empfinden, andere Menschen haben nur noch Wut auf ihren ehemaligen Lehrer, wieder andere sind krank geworden und suchen therapeutische Hilfe.

Die erste Runde unserer Interviewgespräche haben wir in den Jahren 2014 und 2015 durchgeführt, also noch bevor der Skandal durch den Brief von acht ehemaligen Schülern aus dem inneren Kreis von Sogyal Rinpoche öffentlich wurde (siehe ausführlich Kap. 3). Aus diesem Grunde sind wir in der Lage, zunächst ein Bild von Rigpa, der von ihm gegründeten Gemeinschaft des tibetischen Buddhismus und seinen Schülern[4] zu zeichnen aus der Zeit, als scheinbar noch alles in Ordnung war.

In der zweiten Runde unserer Gespräche, die wir überwiegend 2017 durchgeführt haben, wurde die Krise in allen Gesprächen zum Thema. Bei einigen Gesprächspartnern standen jedoch nicht nur Kritik, Zweifel und Enttäuschung im Vordergrund. Insbesondere bei den Schülern, welche 20 Jahre oder länger dabei waren, zeigte sich weiterhin Liebe, bei einigen wenigen gar Loyalität gegenüber dem ehemaligen Lehrer.

Ein Außenstehender mag hier zunächst sehr schnell Erklärungen und Urteile bei der Hand haben. Die Mittäter (der Haupttäter sowieso) scheinen festzustehen, ebenso die Opfer. Auch mag man geneigt sein, religiöse und spirituelle Bewegungen per se abzulehnen, um diesen Fall dann nur als einen weiteren Beleg für seine Vorurteile zu nehmen. Umgekehrt mögen einige weiterhin Partei für den tibetischen Buddhismus ergreifen wollen, um dann darauf hinzuweisen, dass viele der westlichen Schüler auch in diesem Falle immer noch nicht verstanden hätten, worum es in der spirituellen Praxis des tibetischen Buddhismus – auch als tantrischer Buddhismus bekannt – eigentlich gehe. Die Verantwortung für das Problem wird dann entweder Sogyal Rinpoche

---

4 Wir verwenden im Folgenden ganz allgemein das generische Maskulinum für weibliche und männliche Substantivformen, um komplizierte Konstruktionen bezüglich der Geschlechter einschließlich der hierin eingelagerten Asymmetrien zu vermeiden. So sprechen wir zum Beispiel auch von *Lehrern*, ohne damit weibliche Lehrerinnen ausschließen zu wollen, wohl wissend in diesem Konext, dass es im Kontext des tibetischen Buddhismus wenig weibliches Personal an der Spitze gibt – wobei allerdings in der *Schülerschaft* mindestens ebenso viele weibliche Adepten wie männliche anzutreffen sind.

zugewiesen, dem mangelnde Kompetenzen als Lehrer zugeschrieben werden, oder seinen Schülern, die doch vorher hätten wissen müssen, worauf sie sich bei einem Meister dieses Formates einlassen.

Nicht Partei ergreifen, sondern Beziehungen verstehen
In diesem Buch geht es weder darum, Partei zu ergreifen, noch darum, einzelne Menschen zu verurteilen. Auch beschäftigen wir uns nicht mit der Frage, ob Sogyal Rinpoche ein guter oder schlechter Lehrer gewesen ist.

Vielmehr möchten wir versuchen zu rekonstruieren, wie die unterschiedlichen Perspektiven sich wechselseitig konditionieren, sodass es letztendlich zu einem für alle Beteiligten problematischen Arrangement gekommen ist. Im Vordergrund steht ein systemischer Blick, der die unterschiedlichen Standortabhängigkeiten ebenso ernst nimmt wie das berechtigte Bedürfnis westlicher Schüler nach spiritueller Entwicklung. Die Perspektive beschränkt sich dabei nicht nur auf das Verhältnis zwischen einzelnen Menschen, sondern berücksichtigt auch ihre Einbindung in Gruppen- und Organisationszusammenhänge. Zudem wird der Blick auf die systemischen Besonderheiten des Lehrer-Schüler-Verhältnisses im tibetischen Buddhismus gelenkt.

Unsere Perspektive wird entsprechend eine überpersonale sein, welche das Handeln und Erleben von Menschen primär aus dem Blickwinkel der Beziehungen zu verstehen sucht, in die sie eingebettet sind.

»Zuerst muss man zu zweit sein«,[5] um für sich eine Wirklichkeit aufbauen zu können, formuliert Ernst von Glasersfeld. Der Soziologe wird hier zudem noch ergänzen, dass es weiterer Positionen bedarf, etwa der des Dritten, der schweigend beobachtet, was geschieht, und der prominenter signifikanter anderer, die den Sinn des Ganzen bestätigen, wenngleich wiederum andere Beteiligte noch nicht so recht verstehen mögen, was geschieht.

Aus dem von uns gewählten Blickwinkel stellen dann auch Liebe, Hingabe und Vertrauen – und ihre Kehrseite, nämlich Hass, Enttäuschung und Misstrauen – Systemeigenschaften dar, die über den individuellen Akteur hinausgehen. Ebenso erscheinen die Erfahrungsbereiche der menschlichen Spiritualität – und zwar im Guten (man denke an die mystische Erfahrung von Einheit und Verbundenheit) wie im Schlechten (etwa in Form religiöser Verblendung) –

---
5 Von Glasersfeld (1985).

nicht alleine möglich. Auch hier bedarf es anderer Menschen, die im sozialen Raum unterschiedliche, teils komplementäre Positionen einnehmen.

Spiritualität, Verliebtsein und das Risiko der Liebe
Außer diesen allgemeinen Bemerkungen zu der systemischen Haltung, welche diese Untersuchung anleiten wird, werden noch einige spezielle Bemerkungen zum Thema »Spiritualität« benötigt. Wir unterscheiden im Folgenden Spiritualität von Religion in der Weise, dass Erstere nicht an die Vorstellung von übermenschlichen Wesen, Gottheiten oder einer wie auch immer aussehenden magischen Kausalität gebunden ist. Gemeinsam ist jedoch beiden, dass es – um mit Niklas Luhmann zu sprechen[6] – darum geht, Transzendenz in die Immanenz zu holen, also der menschlichen Sphäre einen Sinn oder Wert zu geben, der die Profanität des menschlichen Lebens überschreiten lässt. Im Lichte spiritueller Bezogenheit wird die latent immer mitschwingende Bedeutungslosigkeit unseres eigenen Lebens in ein Selbst- und Weltverhältnis transformiert, das nun lebendiger und bedeutsamer erscheint. Der hiermit aufscheinende Sinn ist kein abstrakter, sondern ein sinnlicher Sinn. Menschen erleben diese Sinnlichkeit insbesondere, wenn sie sich verlieben.

Doch Liebe ist riskant. Denn nur wer vertraut und sich einlässt, kann die mit ihr verbundenen Freuden und den Segen erfahren. Die Augen zu schließen und sich hinzugeben heißt aber auch, verletzlich zu sein. Wenn Erwartungen an Menschen, denen man lange vertraut hat, später auf einer tiefen Ebene enttäuscht werden, entstehen Brüche und Verletzungen, denn im Inneren spürt man die Liebe immer noch, auch wenn sie nun in Hass und Verzweiflung umzuschlagen beginnt.

Zudem stellen sich die Betroffenen die Frage, wie dies geschehen konnte und warum man die Wirklichkeit nicht sehen konnte, wenngleich die Zeichen doch schon lange zu erkennen waren.

Doch genau hierin besteht das, was im guten Sinne die Liebe ausmacht. Sie verschließt die Augen vor den Unvollkommenheiten des anderen, um durch Liebe etwas anderes möglich werden zu lassen – eine Beziehung, welche die eigenen Unzulänglichkeiten und diejenigen des anderen vergessen lässt mit der Aussicht darauf, gemeinsam

---

6 Siehe Luhmann (2000).

etwas Neues zu wagen, in einen Raum zu gehen, wo all dies nicht zählt und gerade deshalb lebendiges Glück möglich wird. Zu lieben und zu vertrauen lässt andere Menschen Liebe und Vertrauen erfahren, damit sie dann ihrerseits lieben und vertrauen können.

Sich einem spirituellen Pfad hinzuwenden ähnelt somit in vielerlei Hinsicht einer Liebesbeziehung. Wer sich einer diesbezüglichen Gruppe zuwendet, beginnt, Vertrauen und Hingabe zu entwickeln, schaut über Dinge hinweg und fängt an, den immer mitschwingenden Zweifel an einen Ort zu schieben, wo das, was man »in seinem Herzen« spürt, nicht gestört wird. Auf diese Weise wird es möglich, die Lehrer wie auch die Lehren der spirituellen Schule als heilig und gut zu sehen. Erst hierdurch kann das, was die Lehrer zu den Schülern sagen, für sie zu einem Segen werden. Dass die Lehrer wie die anderen Mitglieder der spirituellen Gemeinschaft auch nur Menschen sind und entsprechend Schwächen und Fehler haben, ist kein Hindernis, solange dies zwar wahrgenommen, aber zugleich mit einem grundlegenden Vertrauen darüber hinweggesehen werden kann. Vielmehr wird erst auf diese Weise ein Raum möglich, in dem Menschen sich selbst und andere so annehmen können, wie sie sind. Wie in der Liebesbeziehung entsteht auch hier ein Selbst- und Weltverhältnis, das uns dazu bringt, uns selbst zu transzendieren. Doch wie in der Liebe kann auch hierbei das Engagement auf tiefe Weise in Enttäuschung umschlagen.

Es hieße jedoch gleichsam das Kind mit dem Bade auszuschütten, wenn man diese Art der Beziehungen per se als Täuschung und Illusion betrachten würde. Vielmehr sind gerade Beziehungen im Modus der Liebe und wechselseitigen Akzeptanz das, was uns Menschen als Menschen ausmacht.

Denn wir Menschen sind in dem Sinne soziale Wesen, dass unsere Beziehungen – und das, was wir in ihnen miteinander tun – unsere Innerlichkeit formt. Aufgrund der uns typischen Empfindsamkeit können wir die Haltungen der uns umgebenden Menschen wahrnehmen, die Worte, die wir einander sagen, im eigenen Leibe spüren und soziale Exklusion als körperlichen Schmerz erfahren. Gerade weil wir buchstäblich das werden, was wir leben, macht es für uns einen entscheidenden Unterschied, ob wir uns in einem sozialen Raum der Liebe, des Vertrauens und der Hingabe befinden oder in einem Raum, der durch Zweifel, Misstrauen und wechselseitige Instrumentalisierung geprägt ist. Um es mit den Worten Humberto R. Maturanas auszudrücken: Die

> »menschliche Existenz ist eine kontinuierliche Transzendenz, nicht im Sinne vom Hinausgehen in einen fremden Raum, sondern im Sinne dieser Dynamik, in welcher unsere Körperlichkeit sich in dem Maße wie unsere Beziehungen verändert und umgekehrt«.[7]

Die Grenze zwischen Illusion und berechtigter Blindheit

Selbstredend stellt sich in den oben benannten Beziehungen die Frage nach dem Unterschied zwischen berechtigter und unberechtigter Blindheit. Selbstlose Hingabe und spirituelles Vertrauen gehören zu den erhabensten Gefühlszuständen, die wir Menschen erfahren können. Zugleich gibt es aber kaum ein Leiden oder Schrecken, das sich Menschen nicht bereits im Namen religiöser und spiritueller Ziele zugefügt haben. Man muss sogar vermuten, dass Grausamkeiten besonders dann begangen werden, wenn sie der »guten Sache« dienen. Auch die Liebe kann dann als Katalysator für Gewalt erscheinen – entweder weil die Liebe als höheres Ziel sie rechtfertigt oder weil das Entschwinden der Liebe gerade aufgrund ihrer ekstatischen Intensität umso bedrohlicher erscheint, ja einem Angriff auf das innere Selbst vor dem Hintergrund seiner potenziellen Bedeutungslosigkeit gleichkommt. Das Verwischen der Grenze zwischen illusionären Projektionen und erfüllten spirituellen Beziehungen kann mit schwerwiegenden Konsequenzen – einschließlich individueller und kollektiver Traumatisierung – einhergehen.

In diesem Zusammenhang stellt sich die Frage nach realer und imaginärer Transzendenz. Unter Transzendenz verstehen wir hier zunächst etwas, was außerhalb von uns liegt, uns aber berühren und verändern kann. In diesem Sinne ist die Transzendenz, von der Maturana spricht, etwas sehr Nahes. Sie geschieht in der Berührung durch ein »Du«, das außerhalb »meines« Seins liegt. Dies kann in jeder Begegnung mit einem anderen Menschen geschehen, da sein Bewusstsein mir unzugänglich bleiben muss. Indem ich mich jedoch von einem fremden anderen berühren lasse, werde ich selbst in meiner Empfindlichkeit und Empfänglichkeit als Subjekt aufgerufen und aktiviert. Was dabei geschieht, ist Transzendenz, da die Berührung und

---

[7] Maturana (1994, S. 170).

Begegnung mit dem anderen ein Subjekt hervorbringt – »mich« –, das zuvor – zumindest in dieser Form – noch nicht bestand.

Wenn ich demgegenüber den anderen festlege, definiere, sei es als heiliges Wesen, als Teufel oder ihn mit sonstigen Attributen belege, bringe ich nicht mehr das hervor, was sich in der konkreten Beziehung offenbart, sondern folge einem imaginären Konstrukt, das meinen eigenen Wünschen oder Ängsten entsprungen ist. So magisch, erhaben, spirituell diese imaginären Bilder auch sein mögen, ihnen zu folgen heißt einer imaginären Transzendenz nachzueifern, einer vom Menschen gemachten Projektion.

Die Unterscheidung zwischen realer Transzendenz und imaginärer Transzendenz lässt sich ebenso auf die Transzendenzerfahrung übertragen, von der die großen religiösen und spirituellen Systeme sprechen. So gibt es eine spirituelle Erfahrung, die – wie Ludwig Wittgenstein formuliert – die Existenz der Welt als ein Wunder empfindet.[8] Das hiermit einhergehende Selbst- und Weltverhältnis ist per se real, da es den ganzen Beziehungsraum einschließt, der das Verhältnis eines Menschen zu seiner Welt aufspannt. Meine ganze Welt ist nun verzaubert. Menschen, die über eine gewisse religiöse »Musikalität« verfügen, mögen dafür Benennungen wie »die Erfahrung von »Gott«, »Begegnung mit dem schöpferischen Universum«, »Ganzheitlichkeit im Sinne eines nichtdualen Erlebens« oder anderes finden.

Doch sobald diese Worte mit Konzepten, Bildern, Projektionen oder Kausalitätsbehauptungen verbunden werden, verwandeln sie sich in imaginäre Transzendenz. Sei es in einen Gott, der Homosexualität verbietet oder vom Menschen ein bestimmtes moralisches Verhalten verlangt, in einer Glaubensvorstellung, die beschreibt, was nach dem Tode geschieht, oder in einen wie auch immer gearteten magischen Kausalzusammenhang – bei alldem handelt es sich nur um Projektionen, die menschlichen Geistes entsprungen sind.

Wie in einem Kartenspiel, bei dem ein Zauberer oder ein Trickbetrüger heimlich zwei Karten austauscht, um den Zuschauer zu beeindrucken oder in unzulässiger Weise das Spiel zu gewinnen, kann es auch in spirituellen und religiösen Kontexten leicht zur Vertauschung der entscheidenden Elemente kommen. Wenn man nicht genau aufpasst, welche Wörter bzw. Worte ein Sprecher in welchem Kontext verwendet, ob also etwa stillschweigend die Verweise auf eine

---

8 Wittgenstein (1989, S. 13 ff.).

reale Transzendenzerfahrung mit den Konzepten einer menschengemachten Religion verwechselt werden, entsteht leicht eine illusionäre Welt magischer und religiöser Konzepte, die nur noch von der Aura wirklicher Transzendenz umgeben sind.

Die Gefahr dieser Verwechslung deutlich vor Augen habend, geben die einschlägigen buddhistischen Traditionen hier ausdrückliche Warnhinweise, und in diesem Sinne beschließt auch Wittgenstein seinen Tractatus mit den Worten: »Wovon man nicht sprechen kann, darüber muss man schweigen.«[9] Entsprechend drückt sich eine hohe spirituelle Kompetenz offensichtlich gerade darin aus, in Hinblick auf die wesentlichen Fragen mit Schweigen zu antworten.

Richtiges und falsches Schweigen hören sich gleich an
So einleuchtend die Maxime zunächst erscheint, dass in spirituellen Kontexten Reden Silber und Schweigen Gold ist, bleibt ein gewichtiges Problem jedoch bestehen: Richtiges und falsches Schweigen lassen sich nicht unterscheiden, da sie gleich klingen. Schweigen kann Weisheit und Bescheidenheit anzeigen, aber auch ein Mittel dafür darstellen, Sachverhalte zu verschleiern oder gar Lügen zu decken.

Gerade weil die Unterschiede zwischen berechtigter und unberechtigter Blindheit sowie richtigem und falschem Schweigen nur schwer zu erkennen sind, empfehlen die buddhistischen Traditionen ihren Schülern eindringlich die sorgfältige Überprüfung der spirituellen Lehrer. So gilt im tibetischen Buddhismus die Maxime, dass sich ein Schüler erst auf die tantrische Bindung zu seinem Lama einlassen darf, wenn er bereits langjährige Erfahrungen mit der Praxis und dem Lehrer gemacht hat.

Doch selbst dann besteht aus verschiedenen Gründen die Gefahr, dass man den Wald vor lauter Bäumen nicht sieht.

Unterschiede, die den Unterschied machen ...
Mit diesem Buch sollen sowohl der Wald als auch die Bäume in den Blick genommen werden, denn nur in der Beziehung zwischen den Teilen und dem Ganzen werden die Unterschiede deutlich, auf die es ankommt. Wir werden deshalb systematisch zwischen Nähe und Distanz wechseln. Die Nähe entsteht durch die Ausschnitte aus den Interviews mit Menschen, welche all diese Ambivalenzen persönlich

---
9 Wittgenstein (1990, 7).

erleben (siehe insbesondere Kap. 6). Die Distanz entsteht durch die systematische Nebeneinanderschau unterschiedlicher Perspektiven.

Die Darstellung folgt dabei einer Dramaturgie, welche den Leser zwischen unterschiedlichen Positionen und Ebenen der Abstraktion pendeln lässt. Auf diese Weise soll die Gefahr vermieden werden, vorschnell in Urteile und abschließende Bewertungen einzurasten.

Dabei sind zunächst die in unserem Zusammenhang wichtigen Aspekte des tibetischen Buddhismus vorzustellen (Kap. 2, »Die Lehren des tibetischen Buddhismus«). Im Anschluss daran folgt eine chronologische Darstellung der Entwicklung von Rigpa bis zum Skandal um seinen Gründer Sogyal Rinpoche, der schließlich 2017 auch zu seinem Rücktritt als spiritueller Leiter führte (Kap. 3, »Eine kurze Chronologie Rigpas und der Skandal um Sogyal Rinpoche«).

Es folgen Beispiele, die exemplarisch illustrieren, wie die positiven Früchte aussehen, die Menschen durch die Teilnahme an den Schulungsprogrammen und Meditationen Rigpas erlangen konnten (Kap. 4, »Gelebte Spiritualität – Missbrauch hebt den Gebrauch nicht auf«).

Daran anschließend wird eine systemische Methodologie vorgestellt, die es gestattet, zwischen den unterschiedlichen Perspektiven zu wechseln und auch ihre Verbindung und wechselseitige Konditionierung in den Blick zu nehmen (Kap. 5, »Eine systemische Methodologie – Netzwerke von Positionen und ihre wechselseitige Konditionierung«).

Auf dieser Basis werden dann Ausschnitte aus Interviews mit Anfängern, fortgeschrittenen Schülern, Langzeitpraktizierenden ausführlich analysiert. Dabei wird deutlich werden, wie Ambivalenzen, positive und negative Erfahrungen, Hoffnungen und Befürchtungen sich zu einem jeweils spezifischen Arrangement verschränken (Kap.6, »Ambivalenzen in der Lehrer-Schüler-Beziehung«).

Im letzten Kapitel (Kap. 7, »Verwirrte Spiritualität – Drei fundamentale Verwechslungen«) wird schließlich gefragt, welche Faktoren die Entstehung und Stabilisierung eines jeweils bestimmten Arrangements konditionieren und unter welchen Bedingungen ein Arrangement des Vertrauens in ein Arrangement des Misstrauens umkippen kann. Unsere Perspektive bleibt dabei eine systemische. Wir schauen also auch hier nicht auf Einzelpersonen, sondern auf das Netzwerk ihrer Beziehungen. Nicht zuletzt erschließt sich auch hier, welche Rolle bei alldem die Gemeinschaft der Praktizierenden, andere unterstützende Lehrer und nicht zuletzt die Lehren des tibetischen Buddhismus selbst spielen.

2 Die Lehren des tibetischen Buddhismus

> Die Entstehung des buddhistischen Denkens im Kontext des indischen Denkens
>
> Um 600 vor Christi Geburt hatte sich die Gesellschaft im Norden Indiens längst zu einer Hochkultur entwickelt. Der Handel blühte. Große Städte entstanden. Kultur, Philosophie und Religion gediehen unter diesen fruchtbaren Bedingungen. Als Erneuerungsbewegung entstand die geheimnisvolle, auf innere Selbstverwirklichung ausgerichtete *Upanishadenlehre*. Die Anhänger dieser Geheimlehre versuchten, Zugang zu Atman, der Urseele, zu finden, in der alle individuellen Seelen eins seien. Daneben entwickelte sich die Praxis des Asketentums. Mittels strengster Disziplin und Selbstkasteiung versuchten die Anhänger dieser Lehre, ihre physische Bedingtheit zu überwinden.
>
> Auf der Basis dieses philosophischen und religiösen Pluralismus entwickelte sich die Lehre von *Siddhartha Gotama*, des historischen *Buddhas*. Er integrierte die schöpferischen Ansätze verschiedener Richtungen zu einem neuen Erkenntnissystem, in dem anstelle der Suche nach der Seele der Prozess des Werdens im Vordergrund steht. Alle Erscheinungen unseres Erlebens entstehen hier aus einem immerwährenden Fluss der Gestaltungen. In diesem Fluss gibt es nichts Festes, keine Seele, keine absolute Wahrheit. Die buddhistische Lehre ist ein Prozesssystem, sie ist die »alte Philosophie der Selbstorganisation«,[10] um mit Jantsch zu sprechen. Sie zeigt auf, wie Geist und Bewusstsein im aktiven Prozess des Werdens zu dem erschaffen werden, was sie sind, und wie sich der Geist in einer heilsamen Weise selbst gestalten kann. Die buddhistische Lehre, insbesondere das frühbuddhistische System des *Theravāda*-Buddhismus, offenbart sich dabei als ein selbstreferenzielles Erkenntnissystem. Der Erkennende erschafft sich in seinem Erkennen selbst die Bedingungen seines Erkennens. Im Gegensatz zu den meisten Erkenntnissystemen der abendländischen Tradition, in denen immer die Suche nach etwas Festem, sei es eine unsterbliche Seele, eine universelle Naturkonstante oder eine absolute Wahrheit, im Vordergrund stand, wird hier die Wirklichkeit zu etwas Dynamischem, das sich im Prozess beständigen Entstehens und Vergehens geistiger und körperlicher Flüsse organisiert. Wirklichkeit, Erkennen und Geist werden in einem schöpferischen Prozess kontinuierlicher Verkörperung *(embodiment)* und Veränderung entfaltet.[11]

---

[10] Jantsch (1982).
[11] Siehe zur Einführung in den Buddhismus aus dem Blickwinkel einer systemischen und konstruktivistischen Perspektive Vogd (2014b).

Wie in knapper Form in der Lehrrede von den vier Edlen Wahrheiten[12] ausgedrückt, bieten die buddhistischen Lehren dem westlichen Menschen einen Weg an, der im diesseitigen Leben zu Glück und Erfüllung führen soll. Die Essenz des Pfades der Befreiung besteht darin, dass ein Mensch die Veränderlichkeit und Vergänglichkeit aller weltlichen Phänomene zu verstehen lernt, um in der Folge von der Anhaftung an diese Welt abzulassen. Oder, anders formuliert: Der buddhistische Weg zielt auf die Überwindung der dem Menschen typischen Egozentrik, die sich darin ausdrückt, die eigenen Projektionen und Wünsche mit der Wirklichkeit zu verwechseln und damit das umfassende Geflecht der Bedingungen auszublenden, die den eigenen Lebensvollzug ausmachen. Die buddhistischen Lehren sprechen in diesem Zusammenhang von dem Gesetz der bedingten Entstehung. Hiermit ist gemeint, dass kein Phänomen – weder die Empfindungen des subjektiven Erlebens noch die Beobachtungen der vermeintlich objektiven Wirklichkeit – aus sich heraus besteht. Damit – so der Kern der buddhistischen Lehren – existiere weder ein unabhängiges Seelenwesen noch eine von den Handlungen der Menschen unabhängige Realität. Vielmehr seien alle Phänomene, die wir Menschen erleben, ihrer Natur nach leer. In den anderen großen buddhistischen Traditionen, insbesondere im Zen wie auch im The-

---

12 Die erste der vier Edlen Wahrheiten ist die Edle Wahrheit vom Leiden. Sie stellt das Bindeglied zum Pfad der Befreiung dar, denn mit der individuellen Erfahrung von Leiden entstehen der Wunsch wie auch die Motivation, das Leiden zu überwinden:
»Was aber, ihr Mönche, ist die Edle Wahrheit vom Leiden? Geburt ist Leiden, Altern ist Leiden, Sterben ist Leiden, Sorge, Klage, Schmerz, Trübsal und Verzweiflung sind Leiden, mit Unlieben vereint sein ist Leiden, von Liebem getrennt sein ist Leiden, kurz gesagt, die fünf Anhaftungsgruppen sind Leiden.«
Wenn das Bewusstsein in der reflexiven Handlung der Selbstbeobachtung die Natur und die Ursache seines Leidens erkennt, besteht die Möglichkeit, sich von diesem Leiden zu befreien. Dies wird mit der zweiten und dritten Edlen Wahrheit ausgedrückt:
»Was aber, ihr Mönche, ist die Edle Wahrheit von der Leidensentstehung? Es ist ebenjenes wiederdaseinserzeugende, von Lust und Gier begleitete, sich hier und da erfreuende Begehren, nämlich sinnliches Begehren (kāma tanhā), das Daseinsbegehren (bhava tanhā) und das Selbstvernichtungsbegehren (vibhava-tanhā).«
Dies, Mönche, ist die Edle Wahrheit von der Leidensentstehung. Es ist die wiedergeburtbewirkende, wohlgefällige, mit Leidenschaft verbundene Gier (tanhā), die hier und dort Gefallen findet, nämlich: die Gier nach Lust, die Gier nach Werden, die Gier nach Vernichtung. [...]
[...] Was aber, ihr Mönche, ist die Edle Wahrheit von der Leidenserlöschung? Ebenjenes Begehrens restlose Abwendung und Erlöschung, Verwerfung, Fahrenlassen, Befreiung davon, Nichthaften daran.«
Die systematische Schulung der Fähigkeit, von dem gewohnheitsmäßigen Anhaften an der (leidbringenden) Objektwelt abzulassen, wird in der vierten Edlen Wahrheit dargelegt. (Quelle der Zitate: Dīghanikāya 22, zitiert nach Nyānatiloka (1981, S. 15).)

ravāda-Buddhismus (im Westen bekannt durch die Achtsamkeits- oder Vipassanā-Meditation), werden diesbezügliche Einsichten im Hinblick auf die Natur des eigenen Geistes durch systematische Selbstbeobachtung entwickelt. Vor allem im stillen Sitzen übt der Schüler sich darin, die Achtsamkeit auf die inneren Prozesse, also Empfindungen, Gedanken und komplexere Geisteszustände, zu lenken, um sie auf diese Weise in ihrem Entstehen und Vergehen beobachten zu können. Dabei wird vor allem auch die Konzentration auf den eigenen Atem als Hilfsmittel dafür genutzt, die für die Übung notwendige geistige Stabilität aufzubauen. Zum Gegenstand der Meditation werden also vor allem natürliche, leibliche Prozesse.

Die Essenz der frühbuddhistischen Lehren lässt sich treffend mit einem einschlägigen Zitat aus der Angutarra-Nikāya, einer wichtigen Sammlung frühbuddhistischer Texte, zusammenfassen:

> »Ob die Buddhas in der Welt erscheinen oder nicht, es bleibt eine Tatsache, eine unumstößliche Daseinsbedingung und ein ewiges Gesetz, dass alle Gestaltungen vergänglich sind, [...] dass alle Gestaltungen dem Leiden unterworfen sind. [...] dass alles, was besteht (alle Dinge, Gegebenheiten oder Wesenheiten), nicht absolut ist. Diese Tatsache entdeckt und meistert ein Buddha, und wenn er sie entdeckt und bemeistert hat, so verkündet, predigt, offenbart, lehrt und erklärt er gründlich, dass alles Bestehende nicht-absolut ist (ohne ein beharrendes ›Ich‹).«[13]

Vipassanā-Meditation

Das Pāli-Wort *Vipassanā* lässt sich mit »Einsicht« oder »Selbstbeobachtung« übersetzen.[14] Die Lehrrede von den Grundlagen der Achtsamkeit (Satipatthāna Sutta) beschreibt vier Grundübungen:

1. Die Beobachtung des Körpers.
2. Die Beobachtung der Empfindungen, die innerhalb des Körpers entstehen.
3. Die Beobachtung des Geisteszustandes, wie zum Beispiel desjenigen einer eine konzentrierten, unkonzentrierten, wachen, müden Haltung.
4. Die Beobachtung der Inhalte des Geistes. Gemeint sind hier die höheren Formationen des Geistes (zum Beispiel Zweifel, Aversion, Begierde, Schuldgefühle etc.).

---

13 Angutarra-Nikāya III 134, zit. nach Govinda (1992, S. 82).
14 Davids und Stede (1992) geben im Pāli English Dictionary folgende Übersetzungsmöglichkeiten an: »inward vision, insight, intuition, introspection«.

> Die Selbstbeobachtung zielt dabei weniger auf ein statisches Sichversenken in die Objekte der Betrachtung. Vielmehr soll immer zugleich das Entstehen und Vergehen dieser Phänomene im Kontext der bedingten Entstehung des Wahrgenommenen mitbetrachtet werden. In einem Prozess der kontinuierlichen reflexiven Distanzierung wird damit die Qualität der Erfahrung gewissermaßen immer wieder eingeklammert. Mit fortgeschrittenen Erfahrungen mit dieser Übung wird deutlich, dass geistige Konstrukte – wie zum Beispiel das Ich-Selbst – ihrerseits innerhalb eines Wahrnehmungs- und Erkenntnisprozesses aufgebaut werden, also keine eigene, inhärente Essenz besitzen. Dies gilt selbstredend auch für die Erfahrung von vermeintlich transpersonalen Zuständen (beispielsweise die Erfahrung grenzenloser Liebe), die aufgrund ihrer Intensität die Illusion nähren kann, dass dieser Erfahrung etwas Substanzielles, Essenzielles, Unvergängliches oder Göttliches zukomme. Aus buddhistischer Perspektive wird der eigentliche Fortschritt einer spirituellen Entwicklung darin gesehen, die hiermit einhergehenden ekstatischen Erlebnisse ihrerseits als konstruiert und damit als bedingt und vergänglich sehen zu können.

Der tantrische Buddhismus – Sich selbst als erleuchtetes Wesen projizieren

Der Gegenstand unserer Betrachtung ist eine Schule des tibetischen Buddhismus, der sich von anderen buddhistischen Traditionen dadurch abgrenzt, dass auch sogenannte tantrische Meditationspraxen gelehrt werden. Während in der Achtsamkeits- oder Vipassanā-Meditation nur natürliche körperlich-geistige Prozesse zum Gegenstand der meditativen Betrachtung werden, kommen im tibetischen Buddhismus in hohem Maße zusätzlich auch imaginäre Meditationsobjekte zur Anwendung. Über die Identifikation mit einer tantrischen Gottheit sowie mit einem Lama, welcher sie repräsentiert, versucht der Schüler, sich selbst als Buddha zu konstruieren. In mehr oder weniger ausgefeilten Visualisierungen, unterstützt durch Rezitationen (Mantren) und Gesten (Mudras), baut sich der Schüler anhand der vom Lehrer vorgegebenen Formen ein ideales Selbst auf, um anschließend mit ebendieser Projektion zu verschmelzen. Über den Umweg dieser Simulation könne der Schüler, so die gängige Selbststilisierung des tantrischen Buddhismus, schneller Erleuchtung erlangen, da das Ziel gewissermaßen schon durch seine imaginäre Vorwegnahme erreicht werde.

Darüber hinaus zeichnet sich der tibetische Buddhismus durch eine besondere Ontologie bzw. Weltsicht aus, nach der körperliche

Phänomene und geistige Vorstellungen als identisch betrachtet werden. Aus dieser Perspektive sind die tantrischen Gottheiten, welche der Schüler in seiner Meditation konstruiert, keine Fiktionen, sondern der reale Ausdruck eines unsterblichen Buddhas, was dann seinerseits durch die Kunde verwirklichter Meister verbürgt wird. Der Buddha – oder, besser, das Buddhaprinzip – zeige sich entsprechend in Form dreier unterschiedlicher Körper oder Ebenen. Auf der tiefgründigsten Ebene als Leerheit (Dharmakāya), auf der feinstofflichen Ebene (Saṃbhogakāya) etwa als Präsenz der tantrischen Gottheiten und auf der körperlichen Ebene als konkreter menschlicher Körper (Nirmāṇakāya). Die Blaupause für diese Lehre liefert das tibetische Totenbuch.[15] Dort wird der Sterbevorgang als ein Prozess beschrieben, in dem sich nach dem Tode die körperlich-geistigen Manifestationen eines Menschen (Nirmāṇakāya) sukzessive in Licht auflösen (Saṃbhogakāya), um schließlich in die Leere einzugehen (Dharmakāya). Im Anschluss an diesen befreiten Zustand klammere sich der geistige Prozess allerdings üblicherweise wieder an lichthafte Visionen an, was dann in der Folge – je nachdem, mit welcher Form er sich dabei identifiziert – zu einer guten oder schlechten Wiedergeburt führe.

Umgekehrt gilt entsprechend dem Postulat der Einheit der drei Körper (Trikāya): Wenn es einem Menschen gelinge, bereits zu Lebzeiten die richtigen Projektionen aufzubauen und sich mit der hierdurch vermittelten geistigen Form zu identifizieren, sei nicht nur die Befreiung, sondern auch eine gute Wiedergeburt garantiert. Da aber das Visualisierte, sofern es durch die Erfahrung der Leerheit getragen ist, nicht als verschieden von der physischen Realität gesehen wird, gilt als Umkehrschluss, dass ein entsprechend verwirklichter Praktizierender die Kontrolle über die Elemente – und damit auch über Leben und Tod – hat.

Ein vollkommen verwirklichter Meister – so die gängige Auffassung im tibetischen Buddhismus – könne nach seinem physischen Tode gezielt an einem Ort seiner Wünsche wiedergeboren werden, um dort weiterhin für seine Schüler segensreiche Taten bewirken zu können. Auf der Basis dieser Auslegung hat sich in Tibet das im Vergleich zu anderen buddhistischen Schulen einzigartige System der bewussten Reinkarnation herausgebildet.

---

15 Siehe etwa Thurman (2003).

Vor diesem Hintergrund erscheint der hohe Lama nicht nur als ein aus welchen Gründen auch immer besonders kompetenter spiritueller Lehrer, sondern als ein Tulku, der schon längst von seinen egoistischen Triebregungen befreit ist und nur aus Mitgefühl mit den leidenden Menschen erneut physische Gestalt angenommen hat. Er ist ein sogenannter Bodhisattwa, also ein Mensch, der – vom Leid anderer Wesen berührt – sich verpflichtet hat, alle Lebewesen zur Befreiung zu führen. Wie die Figur Christi, des Menschensohns Gottes, ist der Lama zugleich von dieser Welt und außerhalb der Welt, erscheint als Mensch sowie als Ausdruck einer transzendenten Wirklichkeit.

Aus diesem Grunde erscheint es für einen Schüler auch besonders hilfreich, den Lama, welchen er als seinen Lehrer betrachtet, zum Objekt seiner Übung zu machen. Eine zentrale Meditationspraxis des tantrischen Buddhismus besteht entsprechend darin zu versuchen, sich über die mimetische Identifikation mit dem sogenannten Wurzellama zu verbinden.

Indem der Schüler dieser Tradition folgt, besteht dann auch eine wichtige Meditation, welche innerhalb von Rigpa gelehrt wird, darin, den Hauptlehrer Sogyal Rinpoche anzuschauen, während er meditiert und seine Schüler belehrt, um auf diese Weise geistig mit ihm verschmelzen zu können.

Da einem Tulku – sofern er von anderen Lamas als solcher identifiziert wird – schon per Geburt der Status eines Heiligen zugeschrieben wird, ist er gewissermaßen unfehlbar.[16] Seine Handlungen mögen den gewöhnlichen Menschen manchmal unverständlich oder gar unmoralisch erscheinen, was dann jedoch nur deren Unwissenheit indiziere, da sie sein Mitgefühl als eigentliche Motivation seines Handelns noch nicht sehen würden. In der einschlägigen tibetischen Literatur findet sich hierzu der Topos der »verrückten Weisheit« (engl. *crazy wisdom*), der den hohen Lamas zugesteht, auch transgressives Verhalten zu zeigen, ohne dass dies ihre Heiligkeit schmälern würde.[17] Dies schließt selbst Handlungen ein, die Rechtsnormen widersprechen oder dem Common Sense nach hochgradig unmoralisch erscheinen. Wenn der hohe Lama beispielsweise seine Schüler schlägt oder mit ihnen

---

16 Was aber unter tibetischen Lamas mit einem gewissen Humor genommen wird, denn aus der Alltagsperspektive heraus weiß man, dass auch auf eine Inkarnation nicht immer Verlass ist. So schreibt auch der Dalai Lama in seiner Autobiografie (1990), dass bei einigen seiner früheren Inkarnationen schon mal etwas schiefgegangen sei.

17 Siehe Ardussi und Epstein (1978); aus der Perspektive eines tibetischen Lama: Chögyam Trungpa (2001).

sexuell verkehrt, so geschehe dies nicht aus egoistischen Motiven, sondern nur deshalb, weil er auf diesem Wege seine Schüler in ihrer spirituellen Entwicklung noch besser voranbringen könne. Der hohe Lama agiert, wie gesagt, *per definitionem* aus Mitgefühl.

Da der tibetische Buddhismus mit der Konzeption des sogenannten geschickten Mittels über eine Reflexionsfigur verfügt, die offenlässt, ob der Verweis auf die Heiligkeit des Lama seinerseits nur eine raffinierte Konstruktion darstellt, die den Zweck hat, den Schüler zu spirituellen Höchstleistungen zu motivieren, bleiben das Tulku-System und die hiermit einhergehenden Postulate des tantrischen Buddhismus insbesondere für den westlichen Schüler ein Oxymoron. Selbst wenn es sich bei der ganzen Sache nur um einen Trick handelt, darf man das Geheimnis nicht lüften, um das Mittel nicht zu verderben. Denn auch wenn man weiß, dass es sich bei alldem nur um eine soziale Konstruktion handelt, so entfalten sich die Wirkungen dieser Konstruktionen doch am besten, wenn man so tut, als ob es sich um eine Realität handelte.[18]

Es wundert deshalb nicht, dass westliche Schüler, die sich auf den tibetischen Buddhismus einlassen, zwischen den beiden Polen »Es ist nur Projektion des eigenen Geistes« und »Es steckt da eine verborgene, größere Wahrheit dahinter« zu oszillieren beginnen. Denn das eigentliche Ziel der tantrischen Übung besteht ja genau darin, die Grenze zwischen Imagination und Realität verwischen zu lassen. Ihr eigentlicher Sinn liegt also darin, die Konstruktion mit der Realität zu vertauschen, sodass das mit der tantrischen Imagination aufgebaute Idealselbst als das eigentliche Selbst angenommen wird.

Crazy Wisdom und die Samaya-Verpflichtungen

Durch die sogenannten Samaya-Gelübde wird die soeben benannte Dynamik noch zusätzlich dramatisiert. Ein Schüler, der in die tantrischen Übungen eingeführt werden möchte, hat dem Lama gegenüber in Form eines performativen Sprechaktes zu geloben, die Samaya-Verpflichtungen auf sich zu nehmen. Auf einer allgemeinen Ebene beinhaltet das Samaya den Entschluss, alle Wesen, insbesondere aber die Menschen, als Ausdruck eines erleuchteten Geistes zu sehen und

---

18 Das Interessante am tibetischen Buddhismus gegenüber dem Christentum besteht darin, dass mit der Unterscheidung Realität/Fiktion bewusst gespielt werden kann. Auch die religiösen Dinge als Spiel zu betrachten stellt entsprechend keine Gefahr für ihn dar, keine Entlarvung, da die Frage »Fakt oder Fetisch« wiederum produktiv eingebunden werden kann. Diese Frage muss nicht entschieden werden.

in diesem Sinne wie den Buddha als vollkommen zu betrachten und zu behandeln.

Zudem beinhalten die Samaya-Verpflichtungen eine Reihe konkreter Gelübde, etwa den Entschluss, niemals die Liebe zu den Lebewesen aufzugeben, sowie die Verpflichtung, von nun an den gewählten Lehrer als Buddha zu sehen und nicht mehr an seinen Anweisungen zu zweifeln oder ihm gegenüber Respektlosigkeit zu zeigen. Ebenso verpflichtet sich der Schüler, keine Kritik mehr an den buddhistischen und tantrischen Lehren zu üben bzw. diejenigen zu verwirren, die an diese Lehren glauben. Ebenso wird gelobt, keine Geheimnisse an Menschen zu verraten, die ihrer unwürdig sind.[19] An dieser Stelle ist zudem zu erwähnen, dass sich in den einschlägigen Quellen des tibetischen Buddhismus eine Vielzahl von Geschichten findet, welche die negativen Konsequenzen eines tiefer gehenden Bruchs des Samaya plastisch schildern, seien es schwere Erkrankungen, ein unvorhergesehener Tod[20] oder gar die Wiedergeburt in den sogenannten Vajra-Höllen.

Durch den Verweis auf derartige magische Kausalitäten, die im Falle des Bruchs der Gelübde zu erwarten sind, wird die Bedeutung des Samayas nochmals besonders pointiert.

Auch hier ließe sich wieder mit Blick auf die Figur des »geschickten Mittels« anführen, dass die eindringliche Selbstverpflichtung eines Schülers gegenüber dem Lehrer und der mit ihm gemeinsam aufgenommenen Praxis wiederum nur einen Trick darstellt, der den Schüler bei der Stange halten soll. Doch die performativen Sprechakte, welche diese Figur einführen, bringen es auch hier mit sich, dass man, je mehr man sie praktiziert und aufführt, umso weniger zwischen Konstruktion und Realität unterscheiden kann. Worte werden gefühlt und entfalten, insofern sie hinreichend oft und empathisch ausgesprochen werden, ihre eigene Magie.

Fassen wir die vorangehenden Ausführungen mit den Worten von Dagyap Rinpoche zusammen, wobei der Blick nochmals besonders auf

---

19 Siehe beispielsweise zur vollständigen Liste der Samayas der Kagyu-Schule, einer der vier großen Schultraditionen des Buddhismus: Kunzig Shamar Rinpoche, *On the meaning of samaya*, verfügbar unter: https://web.archive.org/web/20070927222215/http://www.dhagpo-kagyu.org/anglais/science-esprit/fondements/general/samaya.htm [20.9.2018].
20 So beschreibt Zemey Rinpoche in seinem *Yellow Book* noch in den 1970er-Jahren den Tod einer Reihe von hohen Lamas und Regierungsbeamten infolge einer Abwendung von den Verpflichtungen der Lehren, verfügbar unter: https://buddhism-controversy-blog.com/2008/10/01/sectarian-rivalry-the-yellow-book-by-zimey-rinpoche/[20.9.2018].

das Lehrer-Schüler-Verhältnis gelenkt wird: Während der Schüler im Theravāda-Buddhismus im Lehrer einen »gewöhnlichen Menschen« sieht, »der allerdings über eine hohe Qualifikation verfügt«, nimmt er ihn im »Mahayana« als »Bodhisattwa oder buddha-ähnliches Wesen« wahr, das Liebe und Mitgefühl verkörpert. Im »Tantra« schließlich sieht er im Lehrer »einen wirklichen Buddha«. Damit lässt er sich auf die »zugespitzteste Beziehung« ein, die in buddhistischen Lehrkontexten anzutreffen ist.[21] Hiermit jedoch geht freilich die Gefahr eines folgenschweren Missverständnisses einher.

Gegenbalance der Macht

Die Verwechslung, die sich hieraus ergeben kann, besteht darin, dem Lehrer übernatürliche und übermenschliche Fähigkeiten zuzuschreiben und ihn gar als einen unfehlbaren Menschen anzusehen, obwohl er die ihm zugedachten Zuschreibungen nicht einhalten kann.

Da insbesondere der hohe Lama *per definitionem* nicht mehr aus selbstischen Motiven heraus agiert, kann und darf er damit theoretisch auch transgressives und unmoralisches Verhalten an den Tag legen, insofern dies seinen Schülern hilft. Allerdings ist darauf hinzuweisen, dass die aus naheliegenden Gründen prekäre Figur des »verrückten Yogis« nicht unkontrolliert sich selbst überlassen werden kann. Denn ansonsten würde die Gefahr bestehen, dass gerade auch für das tantrische Lehrsystem bedeutsame Grenzen zwischen Weisheit und Willkür, zwischen Erleuchtung und Wahnsinn, zwischen mitfühlendem Charisma und verstörender Psychopathie zu leicht verschwimmen würden. Die großen Freiheiten, die dem Lama im Hinblick auf seine Lehrmethoden zugestanden werden, brauchen demnach eine entsprechend starke Gegenbalance.

Die traditionelle Antwort des tibetischen Buddhismus auf dieses Problem besteht in der strengen Institutionalisierung des Lama-Systems in sogenannten Reinkarnationslinien und -schulen. Die Tulkus wurden hier bereits im Kindesalter »entdeckt« und im Rahmen der strengen Disziplin des Klosterlebens aufgezogen. Zudem können den Vertretern der jeweils anderen Schule bei Bedarf auch Abweichungen von der richtigen Lehre, Korruption durch politische Macht oder

---

[21] Die Zitate entstammen: Dagyap Kybgön Rinpoche, *Die Zusammenarbeit zwischen Lehrer und Schüler*, verfügbar unter: http://buddhistische-sekten.de/lehrer-schueler.html [20.9.2018].

andere niedere Motive vorgeworfen werden.[22] Die tibetische Kultur zeigt sich also keineswegs blind gegenüber den Dynamiken des Missbrauchs des Tulku-Systems. Viele gebürtige Tibeter wissen sehr wohl, dass selbst die hohen Lamas auch nur mit Wasser kochen und als Menschen korrumpierbar sind.

Die kulturelle Dynamik der subtilen Balancen unterschiedlicher Schulen sowie spiritueller, politischer und ökonomischer Macht veränderte sich jedoch grundlegend mit der Diaspora des tibetischen Buddhismus und der Begegnung mit dem Westen. Letztere führte zu einer unkontrollierten Diffusion magisch-religiösen Gedankenguts. Dagyap Rinpoche hat im Interviewgespräch mit uns ein eindrückliches Beispiel geschildert: Als er in den 1970er-Jahren einer Gruppe westlicher Interessenten geholfen hat, zum ersten Mal einen hohen tibetischen Lama nach Deutschland einzuladen, wunderte er sich nach einigen Tagen, warum die deutschen Gastgeber ihm nichts zum Essen und zum Trinken gegeben hatten. Nach den Gründen gefragt, antworteten sie, dass der Lama doch so verwirklicht sei, dass er nichts mehr zu sich zu nehmen brauche. Die Deutschen hatten den Tibeter als ein übermenschliches Wesen stilisiert, das physikalische und biologische Gesetzlichkeiten überwunden hat.

> **Transzendenz**
>
> Der Begriff »Transzendenz« (von lat. *transcendentia* = »das Übersteigen«) bezeichnet in Philosophie und Religionswissenschaft eine Sphäre, die nicht dem Bereich der sinnlichen Erfahrung zugänglich ist, jedoch in Form von Deutung und Reflexion die Beziehung eines Menschen zu sich selbst und seiner Welt formatieren kann. Dabei sind zwei Formen (und Deutungen) möglich. Im einen Falle – der immanenten Transzendenz – wird sich der Mensch dessen bewusst, dass sein Leben und sein Glück von Lebens- und Sinnzusammenhängen abhängig ist, die weder in seiner Kontrolle liegen noch von ihm wahrgenommen oder gewusst werden können (dies fängt bereits bei der fremden »Du«-Subjektivität an). Im Gewahrwerden dieser Form der Transzendenz[23] wird sich der Mensch eines Beziehungs- und Bedingungsnetzwerks bewusst, das seinen subjektiven Horizont

---

22 Zur Einführung siehe von Brück (2008).
23 Im Sinne von Niklas Luhmann führt eine »systemtheoretische Analyse« per se zu der Einsicht, »dass die Welt das Bewusstsein und Kommunikation *überfordere* und in *diesem* Sinne transzendent sei. So verstanden« wirke »der Hinweis auf Transzendenz nicht beruhigend, sondern *beunruhigend*« (Luhmann 2000, S. 109; Hervorh. im Orig.).

> radikal überschreitet. Die andere Form der Transzendenz besteht darin, Phänomenen eine übernatürliche Bedeutung zuzuschreiben. Bei genauerem Hinsehen handelt es sich hierbei jedoch um eigene Vorstellungen und Projektionen, die der Welt übergestülpt werden. Den eigenen Gedanken oder Wünschen (etwa der Hoffnung auf eine magische Kausalität) wird nun die Qualität eines wirklichen Phänomens zugeschrieben.

3 Eine kurze Chronologie Rigpas und der Skandal um Sogyal Rinpoche

Sogyal Lakar wurde 1948 in Kham im Osten Tibets in einer Familie reicher Geschäftsleute geboren. Seine Mutter brachte ihn mit sechs Monaten zu ihrer Schwester, die ihn aufzog. Deren Mann, Jamyang Khyentse Chökyi Lodrö, hat ihn später als eine Reinkarnation von Sogyal Terton anerkannt. 1954 floh die Familie vor der chinesischen Invasion nach Westbengalen in Indien. Dort ging Sogyal auf eine katholische Schule. 1971 kam er nach Cambridge in England und besuchte an der Universität einige Kurse in Theologie und vergleichender Religionswissenschaft. An dieser Stelle ist zu erwähnen, dass Sogyal in den 1970er-Jahren einer der wenigen Tibeter war, die fließend Englisch sprechen konnten. Dies machte ihn für alle Menschen interessant, die etwas von der authentischen buddhistischen Kultur in Tibet erfahren wollten. Sogyal vermittelte Kontakte zu renommierten buddhistischen Lehrern und übersetzte Vorträge, zu denen sie eingeladen waren. Nicht zuletzt half er 1973, den ersten Besuch des Dalai Lama im Westen zu arrangieren.

1975 gründete er sein erstes Dharma-Zentrum in London. Auch hier wurde eine Reihe tibetischer Lamas eingeladen. Zudem begann Sogyal mit seiner eigenen Lehrtätigkeit. Unterstützt wurde er dabei insbesondere von dem Übersetzer Patrick Gaffney, den er an der Universität in Cambridge kennengelernt hatte. Hier bildete sich dann auch das unter dem Namen »Rigpa« bekannte internationale Netzwerk von Zentren und Gruppen um Sogyal, der von nun an den Titel *Rinpoche* (tibetisch: »der Kostbare«) führte.

Sogyal zählt sich selbst zu den Nyingmapa, einer der vier Schulen des tibetischen Buddhismus. Während die Gelugpa, zu der auch der Dalai Lama gehört, relativ strenge Ordensregeln einzuhalten haben, inszenieren sich Erstere – wie auch Sogyal – als Vertreter einer Weisheitslehre, die über den Regeln konventioneller Moralvorstellungen steht.

Tibetischer Buddhismus für den westlichen Geist

Im Nachklang der 1968er-Bewegung passte Sogyal gut zu dem vorherrschenden westlichen Zeitgeist. Viele Menschen sehnten sich danach, einen authentischen Zugang zu den exotischen Lehren des tibetischen Buddhismus zu finden, konnten dabei jedoch mit den traditionellen buddhistischen Tugendvorschriften nicht viel anfangen. So war der sich eher an popkulturelle Vorbilder anlehnende Lehrstil Sogyal Rinpoches nicht unwillkommen. Er konnte sich gewissermaßen an westliche Formen der New-Age-Spiritualität anschmiegen, wie sie bereits aus der Hippiekultur vertraut waren. Darüber hinaus ergaben sich Anknüpfungspunkte bezüglich der aufkeimenden westlichen Nahtodforschung sowie der Protagonisten einer spirituellen Sterbebegleitung. Insbesondere in Zusammenarbeit mit Christine Longaker wurde in diesem Zusammenhang das Spiritual-Care-Programm von Rigpa ausgebaut.

1987 entstand in Irland das erste Retreat-Zentrum mit dem Namen »Dzogchen Beara«. Hier konnten sich Schüler für längere Zeit ihren Studien in Theorie und Praxis des tibetischen Buddhismus widmen. 1992 fand an diesem Ort auch das erste von Sogyal angeleitete Dreimonats-Retreat statt. Im selben Jahr wurde in Frankreich das Hauptzentrum Rigpas mit dem Namen »Lerab Ling« fertiggestellt.

1992 erschien *Das tibetische Buch vom Leben und Sterben*, das mittlerweile in 34 Sprachen übersetzt wurde und damit Rigpa bzw. seinen spirituellen Leiter weltweit bekannt machte.[24]

Neben Sogyal Rinpoche und Patrick Goffney war nicht zuletzt auch Andrew Harvey als Koautor maßgeblich an der Entwicklung und Formulierung des Buches beteiligt gewesen. Auch dies erklärt die besondere Attraktivität für westliche Schüler, denn der literarisch begabte Harvey hatte mit seinen früheren Büchern und Vorträgen längst schon die spirituelle Tonlage der westlichen Gesellschaften angestimmt. Gerade weil dieses *Buch vom Leben und Sterben* schon immer einen Hybriden aus tibetischer Religiosität und westlichen spirituellen Hoffnungen darstellte, konnte es in besonderer Weise den Nerv der Zeit treffen. Nicht zuletzt ist es wohl diesem Buch zu verdanken, dass Sogyal zu einem Star unter den buddhistischen Lehrern wurde, wenngleich auch Bernardo Bertoluccis Film *Little Buddha,* in dem Sogyal einen tibetischen Lama auf der Suche nach einem als Kind wiedergeborenen Meister spielt, einen Teil hierzu beigetragen hat. Heute bestehen in 41 Ländern Zentren von Rigpa, die regelmäßig Seminare anbieten, allein in Deutschland in 17 Städten.

---

24 Sogyal Rinpoche (1993).

1995 wurde das öffentliche Image von Sogyal Lakar zum ersten Mal durch einen Bericht Mick Browns im *Telegraph Magazine* beschädigt.[25] Der Beitrag thematisiert unter anderem das Gerichtsverfahren, das eine ehemalige Schülerin vor einem kalifornischen Landesgericht angestrengt hatte. Vorgeworfen wurden ihm unter anderem: bewusste Manipulation durch Indoktrination, emotionale Deprivation sowie sexueller Missbrauch. Rigpa International antwortete hierauf mit einer Presseerklärung, in der es hieß, dass die Anschuldigungen nicht kommentiert werden könnten, zugleich aber feststehe, dass Sogyal dazu beigetragen habe, dass Tausende von Menschen ihr Leben zum Besseren gewendet haben und er zudem von den meisten hohen tibetischen Lamas als authentischer Meister anerkannt werde.[26]

In der Tat war in den folgenden Jahren weder von anderen tibetischen Lamas noch vom Dalai Lama als ihrem politischem Oberhaupt konkrete Kritik oder zumindest die Forderung nach Aufklärung zu vernehmen. Es blieb bei allgemeinen Bemerkungen zur Bedeutung der Ethik in der Lehrer-Schüler-Beziehung.[27]

Auch öffentlich wurde Rigpa vom Dalai Lama weiterhin unterstützt. Deutlich wurde dies etwa an den zehntägigen Belehrungen seiner Heiligkeit im Jahr 2000 in Lerab Ling sowie der Einweihung des neuen Tempels im Jahr 2008, die der Dalai Lama gemeinsam mit Carla Bruni durchführte.

Von 2006 bis 2009 fand in Lerab Ling zudem das erste traditionelle Dreijahres-Retreat statt, zu dem auch viele renommierte Lamas zu Belehrungen kamen. Mehr als 300 Menschen aus dem Westen nahmen teil, wodurch Rigpa als Gemeinschaft nochmals stark gefestigt wurde.

Die Krise

2011 erscheint im kanadischen Fernsehen eine Dokumentation, die auf der Basis von Interviews mit Zeugen aus dem inneren Kreis Rigpas (darunter einem Piloten des Lama sowie seiner Tochter) schwerwiegende Anschuldigungen gegenüber Sogyal formuliert.[28] Im gleichen

---

25 Mick Brown, »The precious one«, *Telegraph Magazine* 21, 2.2.1995, pp. 20–28.
26 Der Zeitungsartikel wie auch die Presseerklärung sind verfügbar unter: https://info-buddhism.com/PDF/sogyal-rinpoche_mick-brown-1995-telegraph.pdf [20.9.2018].
27 Zu nennen ist hier etwa das Treffen zwischen dem Dalai Lama und einer Gruppe westlicher Meditationslehrer im Jahr 1993, bei dem das Thema »Fehlverhalten buddhistischer Lehrer« behandelt wurde, ohne dass jedoch konkrete Problemfälle offen benannt worden wären.
28 Verfügbar unter: https://www.youtube.com/watch?v=yWhIivvmMnk »*In the Name of Enlightenment*« [20.9.2018].

Jahr veröffentlicht *The Guardian* einen längeren Artikel, welcher diese Vorwürfe wiederholt. Rigpa International entscheidet sich wiederum, zu den Vorwürfen selbst keine Stellung zu nehmen, weist aber wiederholt auf die Leistungen Rigpas und die Unterstützung Sogyals durch andere hohe Lamas hin.[29]

Im Februar 2016 tritt Olivier Raurich als Direktor von Rigpa Frankreich zurück und gibt der französischen Zeitschrift *Marianne* ein Interview, in dem er Sogyal vorwirft, in diktatorischer und angstverbreitender Manier die Mitarbeiter von Rigpa zum Schweigen zu bringen. Zudem gibt er zu, seinerseits aktiv an der Manipulation von Informationen und der Verschleierung von Missständen beteiligt gewesen zu sein.[30]

Im Juli 2017 schließlich formulieren acht Schüler aus dem inneren Kreis von Rigpa einen zwölfseitigen offenen Brief an Sogyal Lakar (die Verfasser des Briefes haben im Schreiben den üblichen Ehrentitel »Rinpoche« weggelassen und ihn mit dem häuslichen Namen angesprochen). Die Anschuldigungen der Unterzeichner, darunter ehemalige Direktoren, Rigpa-Board-Mitglieder sowie persönliche Begleiter und Fahrer, sind schwerwiegend. Unter anderem heißt es (Hervorh. im Orig.):

> »*Physischer, emotionaler und psychischer Missbrauch:* Wir haben persönlich durch dich viele verschiedene Formen der physischen Misshandlung erfahren bzw. haben diese bei anderen miterleben müssen. Du hast uns gehauen und getreten, an den Haaren und den Ohren gezogen, du hast uns mit verschiedensten Dingen geschlagen. [...] Deine körperlichen Misshandlungen – die unter der jeweiligen Rechtsprechung, unter der du sie begangen hast, einen Bruch des Gesetzes darstellen – haben deine Mönche, Nonnen sowie Laienschülerinnen und -schüler mit blutigen Verletzungen und Narben zurückgelassen. Das ist kein Wissen aus zweiter Hand, wir haben dein Verhalten über Jahre persönlich erfahren und können es bezeugen. [...]
>
> *Sexuelle Vergehen:* Du nutzt deine Rolle als Lehrer, um Zugang zu jungen Frauen zu finden, um sie zu nötigen, einzuschüchtern und sie dazu zu bringen, dir sexuelle Gefälligkeiten zu erweisen. [...] Die an-

---

29 Mary Finnigan, »Lama sex abuse claims call Buddhist taboos into question«, *The Guardian*, 1.7.2011.
30 Elodie Emery, »L›imposture Sogyal Rinpoché«, *Marianne*, 25.2.2016. Englische Übersetzung verfügbar unter: https://buddhism-controversy-blog.com/2016/03/09/sogyal-rinpoche-rigpa-an-interview-with-the-former-director-of-rigpa-france-olivier-raurich/ [20.9.2018].

dauernden Kontroversen um deine sexuellen Verfehlungen, über die wir im Internet erfahren, sind nur ein kleiner Ausschnitt aus deinem jahrzehntelangen Verhalten. Für manche von uns bestand die sexuelle Schikane darin, dass man angewiesen wurde, sich auszuziehen oder die eigenen Genitalien zu zeigen (Männer wie Frauen) oder dich mit oralem Sex zu beglücken [...]. Du hast eine deiner weiblichen Assistentinnen einem anderen (bei Rigpa wohlbekannten) Lama zum Sex angeboten. Du hattest und hast seit Jahrzehnten sexuelle Beziehungen mit einer Reihe deiner weiblichen Schülerinnen, die auch deine Assistentinnen sind. Manche von ihnen sind verheiratet. Du hast uns angewiesen zu lügen, um dich zu decken, um deine sexuellen Beziehungen vor deinen anderen Liebschaften zu verbergen. [...] Du und andere in deiner Organisation behaupten, dass dies das Verhalten eines buddhistischen Meisters der »verrückten Weisheit« sei, genau wie es tantrische Adepten der Vergangenheit taten. [...]

Unersättlicher Lebensstil: Dein verschwenderischer Lebensstil wird vor Tausenden deiner Schülerinnen und Schüler versteckt.«[31]

Noch im selben Monat formuliert Sogyal einen Antwortbrief. Eine Aufklärung der Anschuldigungen lässt sich auch hier nicht finden. Stattdessen betont Sogyal, dass sein Verhalten niemals durch niedere Beweggründe motiviert gewesen sei und er weiterhin als Meister für seine Schüler zur Verfügung stehe. Unter anderem heißt es:

»Einige von ihnen, die meine Schüler gewesen sind und die ich liebe, haben gesagt, mir als ihrem Lehrer zu folgen, sei eine Erfahrung gewesen, die für sie verletzend war und Misstrauen in ihnen hat entstehen lassen. Ich weiß auch, dass diese Nachricht innerhalb unserer Gemeinschaft Schmerz und Verwirrung verursacht hat. [...] Ich selbst weiß ganz eindeutig, dass mein Verhalten anderen gegenüber niemals von eigennützigem Interesse oder schädlicher Absicht bestimmt war. Das wäre für mich undenkbar. [...] Aber ich werde natürlich weiterhin für euch alle da sein und während meines Retreats Belehrungen mit euch teilen, euch anleiten und euch treffen, wann immer der Zeitpunkt dafür richtig ist.«[32]

---

31 Verfügbar unter: https://buddhismus-aktuell.de/diskussionen/debatte-um-sogyal-rinpoche/dokument-1-missbraucht-geschlagen-laecherlich-gemacht-schuelerinnen-und-schueler-von-sogyal-rinpoche-erheben-schwere-vorwuerfe-brief-vom-14-juli-2017.html [18.12.2018].
32 Verfügbar unter: https://buddhismus-aktuell.de/diskussionen/debatte-um-sogyal-rinpoche/dokument-2-brief-von-sogyal-rinpoche-an-seine-sangha-juli-2017.html [20.9.2018].

Am 1. August 2017 erklärt der Dalai Lama während einer öffentlichen Rede in Ladakh, dass sein Freund Sogyal Rinpoche in Ungnade gefallen, sei und deshalb hätten seine eigenen Schüler ihre Kritik öffentlich gemacht, wie er es bereits einige Jahre vorher empfohlen habe. Im Kontext der Kultur des tibetischen Buddhismus sind dies ungewöhnlich direkte Worte und kommen damit gleichsam einer Exkommunikation Sogyals aus der Gemeinschaft der Lamas gleich:

> »Vor vielen Jahren in Dharamsala bei einer Konferenz mit westlichen Lehrern des Buddhismus erwähnten einige westliche buddhistische Lehrer, dass einige Zen-Meister und Meister des tibetischen Buddhismus einen sehr schlechten Eindruck bei den Menschen hinterlassen hätten. Daraufhin habe ich ihnen gesagt: Diese Leute folgen nicht der Vorschrift Buddhas, der Lehre Buddhas. Das können wir nicht zulassen. So, das Einzige, was wir tun müssen, ist, es zu veröffentlichen, über Zeitungen, über das Radio. Machen Sie es öffentlich!
>
> Diese Lamas, obwohl sie sich nicht um Buddhas Lehre kümmern, mögen sich um ihr Image kümmern [zeigt auf sein Gesicht, um auf ihre Scham hinweisen]. Ich habe es ihnen bereits auf dieser Konferenz gesagt, vor fast 15 Jahren, war das, glaube ich. Nun, vor Kurzem ist Sogyal Rinpoche, mein sehr guter Freund, in Ungnade gefallen. Also haben einige seiner eigenen Schüler ihre Kritik öffentlich gemacht.« (Übers. aus dem Engl.: W. V.)[33]

> **Der Dalai Lama**
>
> Tenzin Gyatso ist der 14. Dalai Lama. Er wurde 1935 in Osttibet geboren. 1950 floh er nach Indien und war – bis zu seinem Rückzug aus der Politik – das geistige Oberhaupt der tibetischen Exilregierung. 1989 wurde er mit dem Friedensnobelpreis ausgezeichnet. Der Dalai Lama gehört zur Gelug-Schule, einer der vier Hauptschulen des tibetischen Buddhismus. Die politische Stellung des Dalai Lama geht

---

33 Hier der englische Originaltext: »Many years ago in Dharamsala at a Western [Buddhist] Teachers Conference, some Western Buddhist teachers mentioned some Zen masters and Tibetan Buddhist masters had created a very bad impression among people. Then I told them; these people do not follow Buddha's advice, Buddha's teaching. We cannot do. So, the only thing is to make it public, through newspapers, through the radio. Make it public! These lamas, although they don't care about Buddha's teaching, they may care about their face [points at his face, indicating shame]. I told them at that conference, almost 15 years ago I think. Now, recently Sogyal Rinpoche, my very good friend, but he's disgraced. So some of his own students have now made public their criticism.«
Verfügbar unter: https://www.youtube.com/watch?v=owP4rsM7AZQ [20.9.2018].

> nicht mit einer spirituellen Führung der unterschiedlichen Schulen einher. Nicht einmal in seiner eigenen Schule gelingt ihm die konfliktfreie Durchsetzung spiritueller Hoheitsansprüche, wie die mit Gewalt einhergehenden Auseinandersetzungen um das Verbot der Anbetung der Schutzgottheit Dorje Shudgen zeigen.[34] Da zudem nur die Gelug-Schule von den Mönchen die strengen Regeln des Zölibats verlangt, ist es verständlich, dass der Dalai Lama nicht so ohne Weiteres in die inneren Angelegenheiten einer anderen Schule eingreifen kann, zumal dies unweigerlich mit Konflikten einhergehen würde, da die anderen Schulen diesbezügliche Ansprüche als politische Einmischung harsch zurückweisen würden. In spiritueller Hinsicht sieht der Dalai Lama sich zunächst als Vertreter der Rime-Bewegung, die gruppenübergreifend Lehren aus allen Gegenden Tibets und von den Lehrern aller tibetischen Traditionen sammelt. Entsprechend kann er den tibetischen Buddhismus nur dann als Ganzes repräsentieren, wenn er die Autonomie der einzelnen Gruppen und Schulen beachtet.

Am 11. August 2017 erklärt Sogyal Rinpoche mit einem öffentlichen Brief seinen offiziellen Rücktritt als spiritueller Leiter aller Organisationen, die den Namen Rigpa tragen. Der Brief schließt mit den Worten:

> »Ich werde euch jeden einzelnen Tag in meinem Herzen und in meinen Gebeten halten. Ich habe eine tiefe Verpflichtung, dazu beizutragen, euch zur Erleuchtung zu bringen, und ich werde dieses Versprechen nie brechen! Ich vertraue darauf, dass ihr alle als Sangha stabil bleibt, nie vom wahren Pfad des Dharma abweicht und allezeit Mitgefühl in eurem Herzen wahrt. […] Ich danke euch allen für all das Vertrauen und die Unterstützung, die ihr mir erwiesen habt, und eure liebevollen und von Herzen kommenden Botschaften. Ich spüre, dass unsere spirituelle Verbindung unerschütterlich ist. Dies erfüllt mich mit tiefem Vertrauen in unsere gemeinsame Zukunft.«[35]

Böse Dämonen

Am 23. September 2017 spricht Khenchen Namdrol, ein Lama der Nyingma-Schule, in Lerab Ling davon, dass die Verfasser des offenen

---

34 Siehe ausführlicher von Brück (2008, S. 181 ff.).
35 Verfügbar unter: https://buddhismus-aktuell.de/diskussionen/debatte-um-sogyal-rinpoche/dokument-8-brief-von-sogyal-rinpoche-an-seine-schuelerinnen-und-schueler-11-august-2017.html [20.9.2018].

Briefes von bösen Dämonen übernommen worden seien. Menschen, welche noch nicht die tiefgründige Leerheit erfahren haben, würden diese Anschuldigungen jedoch fälschlicherweise für wahr halten. Die schlimmste Sünde, die ein Mensch begehen könne, sei es, den Lehrer zu zerstören. Dies habe schlimme Konsequenzen, die sich wenn nicht in diesem Leben, so spätestens im nächsten Leben zeigen würden. Das Einzige, was angesichts dieser Bedrohung nun angesagt sei, seien Handlungen, welche die Macht der Dämonen eindämmen. Entsprechend seien jetzt eine Vielzahl der einschlägigen Mantren und Gebete zu sprechen, welche das Samaya-Band zwischen Lehrer und Schüler wieder festigen würden.[36] Die Ansprache erhält großen Beifall unter den Teilnehmern.

Am 28. September findet sich auf der Facebook-Seite von Sogyal Rinpoche ein Post von Lama Orgyen Tobgyal mit folgendem Inhalt:

»EINE PERSÖNLICHE NACHRICHT VON ORGYEN TOBGYAL RINPOCHE

Derzeit bin ich mit Sogyal Rinpoche in Asien, um ihn zu unterstützen. Die Situation mit seiner Gesundheit ist sehr ernst. Bei ihm wurde Krebs diagnostiziert, und er musste operiert werden, damit die Tumore entfernt werden. Jetzt empfehlen seine Ärzte eine Chemotherapie als Nachfolgebehandlung.

Was ich allen Rigpa-Studenten sagen möchte, ist dies: Bitte brecht nicht noch mehr Eurer Samayas. Wenn ein Schüler seinen Samaya bricht, hat das eine sehr schädliche Auswirkung auf das Leben des Meisters. Ich fordere Euch alle daher auf, die Praxis des Narak Kong Shak und des Herzens von Vajrasattva[37] so oft wie möglich zu praktizieren. Ich bin sehr besorgt um die Gesundheit und Zukunft von Sogyal Rinpoche. Ich hoffe, Ihr werdet alle dem, was ich sage, zuhören.« (Übers. aus dem Engl.: W. V.)[38]

---

36 23. September 2017 in Lerab Ling, verfügbar unter: https://www.youtube.com/watch?v=CPWu7WMRE_E [10.3.2018]. Das Video ist inzwischen »aufgrund des Urheberrechtsanspruchs von Rigpa nicht mehr verfügbar«.
37 Es handelt sich hierbei um rituelle Praxen, die darauf zielen, Verletzungen und Brüche gegenüber dem Meister zu bekennen, um negative Handlungen und Verdunkelungen zu überwinden, sowie die Bindungen zum tantrischen Meister wieder zu vertiefen.
38 Hier der englische Originaltext: »A PERSONAL MESSAGE FROM ORGYEN TOBGYAL RINPOCHE
Presently I am in Asia with Sogyal Rinpoche, to support him. The situation with his health is very serious. He has been diagnosed with cancer and had to have an operation to remove the tumours. Now his doctors are advising a course of chemotherapy as a follow up.

Diese Facebook-Botschaft wurde bislang von mehr als 2700 Nutzern mit »Gefällt mir« markiert.

Die vorangehenden Ausführungen beschreiben einerseits die Erfolgsgeschichte von Sogyal Rinpoche und Rigpa, andererseits jedoch die Entwicklung eines Skandals, der mit schwerwiegenden Vorwürfen wichtiger Schüler und Repräsentanten Rigpas einherging und nicht zuletzt in der öffentlichen Abwendung des Dalai Lama kulminierte. Dies heißt jedoch nicht, dass sich alle seine Schüler abgewendet hätten. Sehr wohl wird aber deutlich, dass sich Rigpa in einer ernsthaften Krise befindet und die Schüler, egal, ob sie sich abwenden oder weiter zu Sogyal stehen, ein Problem zu bearbeiten haben. Bevor wir die hiermit einhergehenden Dynamiken ausführlicher betrachten, folgt ein kurzes Kapitel, mit dem verdeutlicht werden soll, warum Schüler Sogyal Rinpoche schätzen oder geschätzt haben bzw. nicht zögern, ihn als ihren spirituellen Lehrer zu betrachten.

What I want to say to all Rigpa students is this – please do not break any more of your samayas. If a student breaks his/her samaya, it has a very harmful effect on the master's life. I urge all of you therefore to practice the Narak Kong Shak and Heart of Vajrasattva confession prayers as much as possible. I am very concerned for Sogyal Rinpoche's health and future. I hope you will all listen to what I say. Orgyen Tobgyal«

Verfügbar unter: https://www.facebook.com/sogyal.rinpoche/posts/10156737337733345 [1.12.2018].

4 Gelebte Spiritualität – Missbrauch hebt den Gebrauch nicht auf

> **Spiritualität**
>
> Das menschliche Bedürfnis nach Spiritualität erwächst aus dem für uns Menschen typischen In-der-Sprache-Sein. Der mittels der Sprache angelieferte soziale Sinn führt auf der Ebene der Psyche dazu, ein »Ego« auszubilden, das nun seinerseits ein Teil der vom Menschen gelebten Lebensvollzüge wird – nämlich als ein sich selbst vergegenständlichendes Ich- bzw. Selbstempfinden. Doch die hiermit einhergehenden Projektionen und Erwartungen des Egos scheitern immer wieder an der niemals zu durchschauenden oder zu beherrschenden Komplexität der Welt. In der Folge entsteht eine schmerzhafte Spaltung zwischen Ego, Selbst und Welt. Damit erwächst auch der Wunsch nach Heilung des nun problematisch gewordenen Selbst- und Weltverhältnisses. Spirituelle Schulen bieten Übungen und Methoden an, mittels deren sich dieses Verhältnis moderieren lässt. Wenn dies gelingt, wird diese Spaltung (kurzzeitig) aufgehoben. Heilung wird erfahren (was nicht heißt, dass die benannte Problemdynamik später nicht erneut auftritt).

An dieser Stelle dürfen wir eines nicht vergessen: Menschen, die sich den Lehren Sogyal Rinpoches anschließen und im Rahmen von Rigpa aktiv die Meditationen des tibetischen Buddhismus praktizieren, tun dies in der Regel nicht aus einer Haltung der Kritiklosigkeit oder Unterwürfigkeit gegenüber autoritären Strukturen. Sie lassen sich auf Rigpa ein, weil sie von spirituellen Fragestellungen berührt werden, von Präsenz und Rede des Lama überzeugt sind und nicht zuletzt Wichtiges und Wesentliches für sich in den Meditationsübungen erfahren. Nicht wenige Menschen können darüber hinaus berichten, mithilfe der buddhistischen Lehren tiefe existenzielle Krisen überwunden zu haben. Zur Illustration dieser Aspekte dienen drei Ausschnitte aus den vielen Interviews, die wir im Jahre 2015, also noch vor der Offenlegung des Skandals, geführt haben.

Ein charismatischer Lehrer
Doris Ahrend beschreibt ihre erste Begegnung mit Sogyal Rinpoche während eines öffentlichen Vortrags:

»Ja, also das war ein ziemlich starkes Erlebnis für mich. [...] Das kann man gar nicht so leicht beschreiben oder übertragen. Ich hatte noch nicht viel mit dem Buddhismus zu tun gehabt. Ich kam in diesen Vortrag, das war im [...] Weiterbildungszentrum, und der Sogyal hat sein Buch vorgestellt. Ich war sehr angesprochen von seiner Präsenz und Dynamik, und er hat natürlich Inhalte aus seinem Buch präsentiert. Mich hat das sehr, sehr stark angesprochen. Also, so stark, dass ich eigentlich sofort das Buch gekauft habe. Ich habe es gelesen, und im Sommer, das war, glaube ich, so im Februar oder März oder so, war er hier [...], und danach sind wir dann das erste Mal nach Frankreich in sein Zentrum gefahren. Von da ab habe ich eigentlich diesen Weg verfolgt, mehr oder weniger intensiv, wie es eben ging.«

Diese grundlegende Zufriedenheit

Elisabeth Bauer schildert die Grundmechanismen der Meditation auf den Lama und beschreibt den tiefen Frieden, den sie dabei erfährt:

»Es ist halt immer wichtig, dass man ihm, dem Lama, in die Augen guckt. [...] Also, es funktioniert [...] einzig und allein über das Schauen. Die eigenen Augen nehmen Dinge auf, wenn man in die Augen eines anderen guckt. Diese Spiegelneuronen gibt es ja auch wirklich, und deshalb sagt Sogyal halt immer, dass es so wichtig ist, dass man ihn anschaut und dass man eben auch generell mit offenen Augen meditieren soll. Aber insbesondere, wenn man das mit dem Meister macht, dann ist es immer wichtig, ihn anzuschauen, weil – dann spiegelt quasi mein eigener Geist seinen Geisteszustand. Und somit ist es wesentlich einfacher, wenn ich mich hinsetze und mit ihm meditiere. Das geht, auch über ein Video oder ein Video-Teaching, aber natürlich ist das für mich immer noch ein bisschen besser, wenn er wirklich auch da ist. [...] Also, im Endeffekt geht es ja um die Natur des Geistes jenseits von Worten und Beschreibungen. Es ist sehr, sehr schwer zu beschreiben, was da geschieht, wenn man es erfährt. Manchmal, ganz selten, kann man das auch selbst hervorrufen in der Meditation. Das ist dann einfach wirklich das Gefühl: Ich brauche nichts mehr. [...] Da ist dann einfach eine ganz grundlegende Zufriedenheit in dem eigenen Kopf. Der Geist möchte nichts verändern, der Geist will nichts mehr haben oder findet auch nichts mehr doof. Man sitzt einfach. Es ist nicht so, dass einem alles egal ist, aber man ist einfach da und hat diese grundlegende Zufriedenheit.«

Mit Welten ohne Grund vertraut werden

Michael Schneider erzählt von seiner existenziellen Krise, die ihn zum tibetischen Buddhismus geführt hat, sowie von der befreienden Erfahrung einer tiefgründigen Leerheit:

»[...] war in einer Situation, wo ich nicht weiterwusste. [...] Spirituell war ich auch in einer Sackgasse und so weiter, heute würde ich sagen: in einer dicken Depression. Ich habe mich einen Monat völlig zurückgezogen, habe mein Zimmer fast nicht mehr verlassen. Irgendwann habe ich wieder angefangen, Wanderungen zu machen, in den Bergen. Habe mich wieder angekoppelt an das, was mir immer gutgetan hat – ich bin ein Bergsportanhänger – und habe da wieder meine Kraft gefunden. Auf einer dieser Wanderungen habe ich ein Retreat, eine Klausur von Buddhisten, getroffen. [...] Also, Rinpoche hat über Leerheit gelehrt, und er hat das so gelehrt, dass mir sozusagen in dem Moment auf einer bestimmten Ebene der Boden unter den Füßen weggezogen wurde. [...] Diese Erfahrung von Leerheit hat mich zutiefst erschüttert. Natürlich, als theoretisches Konzept ist es in sich logisch, und man kann dem zustimmen oder nicht. Aber zu merken, es ist letzten Endes nicht so, wie ich es mit meinem normalen Bewusstsein wahrnehme, sondern alles ist letzten Endes unendlich leer, unendlich viel Raum, alles ist im Fluss, alles ist in permanenter Veränderung ... Es war keine intellektuelle Erkenntnis, sondern für den Moment der Verlust eines jeden Bezugspunktes. Auch des Bezugspunktes von mir selber. Und die eigene Wichtigkeit habe ich in dem Moment nicht mehr gehabt. Und es war schmerzhaft, extrem verunsichernd und angstmachend und gleichzeitig völlig befreiend und beglückend. Weil ich auch nicht ... weil es so überwältigend war, dass es auch keinen Sinn mehr machte, irgend eine Sicherheit greifen zu wollen. Ich konnte mich dem nur noch hingeben und sagen: Ja, das ist es.«

Diese kurzen Erzählausschnitte sind nicht untypisch für Rigpa-Schüler. Sie lassen dreierlei deutlich werden: *Das tibetische Buch vom Leben und Sterben* hat westlichen Menschen etwas zu sagen. Die angebotenen Meditationstechniken sind wirksam und ermöglichen den Praktizierenden die Erfahrung von Frieden. Nicht zuletzt erleben einige Menschen mithilfe der Lehren des tibetischen Buddhismus Befreiung aus schweren existenziellen Krisen. Im guten Sinne zeigt sich hier die seelsorgerische Qualität der Angebote von Rigpa. Umso schwerer wiegen die nicht mehr durch die Konzeption der »verrückten Weisheit« integrierbaren Erschütterungen der Beziehung zu dem spirituellen Leiter dieser Organisation. Denn die positiven Erfahrungen können nicht einfach negiert werden; die Vorwürfe, spätestens nachdem sie auch innerhalb der Gemeinschaft von Rigpa öffentlich wurden, jedoch ebenso wenig. An dieser Stelle zeigt sich auch, dass die seelsorgerischen Qualitäten »verrückter Weisheit« nicht ganz von der Hand zu weisen sind. Bewusst mit Erschütterungen der Seele zu arbeiten kann von Schülern durchaus als produktiv erlebt werden. Der eigentliche Punkt ist vielmehr, wann hier der legitime (und vielleicht auch: produktive) Rahmen verlassen wird.

Damit wir die hiermit entstehenden Dynamiken, die sich in komplexen, vielfach auch in sich gebrochenen Selbst- und Weltverhältnissen ausdrücken, besser verstehen können, ist es sinnvoll, zunächst einen Schritt zurückzutreten und eine Methodologie vorzustellen, die es gestattet, die unterschiedlichen Perspektiven systematisch in den Blick zu nehmen.

Spiritueller Lehrer

Ein spiritueller Lehrer ist eine Person, der im Rollengefüge einer spirituellen Schule die Aufgabe zugewiesen wird, Wissen und die Haltungen zu vermitteln, die es ermöglichen, ein problematisches Selbst- und Weltverhältnis als weniger gespalten zu erleben. Da dies misslingen kann und dann das, was als Lösung angeboten wird, nicht den Erwartungen der Schüler entspricht, sind Enttäuschungen vorprogrammiert. Entsprechend wundert es nicht, dass Schüler, obwohl der Lehrer das Richtige tun mag, sich von ihm enttäuscht abwenden, und umgekehrt manche Lehrer dazu neigen, falsche Hoffnungen zu nähren, um ihre Schüler zu halten. Wenn jedoch die Heilung eines problematischen Selbst- und Weltverhältnisses gelingt, entstehen beim Schüler oftmals intensive Gefühle von Liebe und Dankbarkeit. Vielen spirituellen Lehrern steigt dies zu Kopfe. In der Folge fühlen sie sich nun heilig und allmächtig, wenngleich sich diese Erfolge weniger aus ihrer Person denn aus der Dynamik des Netzwerkes der Rollenbeziehung ergeben. Es wundert deshalb kaum, dass nicht wenige Lehrer der Illusion erliegen, die mit diesen positiven Gefühlen genährt wird. Deshalb sind von einem spirituellen Lehrer hohe Kompetenzen in Bezug auf den Umgang mit ihren Emotionen zu verlangen.

5 Eine systemische Methodologie – Netzwerke von Positionen und ihre wechselseitige Konditionierung

Wir haben es bereits an anderer Stelle angedeutet: Spiritualität und Transzendenz stellen ebenso Eigenschaften des die Spiritualität vermittelnden Systems dar wie die in diesem Zusammenhang vorkommenden Täuschungen und Brüche. Spiritueller Segen wie auch religiöse Verblendung sind überindividuelle Phänomene. Sie sind nicht nur von einer Person abhängig, sondern verdanken sich einem Arrangement, das eine Vielzahl von Stellen und Positionen verlangt, die sich im Guten wie im Schlechten wechselseitig bestätigen. Aus diesem Grunde haben sich die Adepten buddhistischer Spiritualität *nolens volens* auf das ganze System einzulassen. In den einschlägigen Texten wird dies als die dreifache Zuflucht benannt: die Zuflucht zur Gemeinschaft der Praktizierenden (Sangha), die Zuflucht zu den Lehrreden, welche den Befreiungsweg verbürgen (Dharma), und die Zuflucht zu der Figur, welche die Befreiung repräsentiert (Buddha). Im tibetischen Buddhismus nimmt darüber hinaus, wie bereits gesagt, der Lehrer (Lama) eine herausragende Stellung ein, da er selbst bereits als »befreit« und »selbstlos handelnd« betrachtet wird.

Interessanterweise zeigen sich hier eine Reihe von Parallelen zwischen den buddhistischen Lehren und einem systemischen Konstruktivismus.[39] Da der Mensch ein Beziehungswesen ist, sind seine Selbst- und Weltverhältnisse unmittelbar mit der Sprache sowie den Positionen, welche er im Beziehungsgefüge des sozialen Raums einnimmt, verwoben. Im Einklang mit den buddhistischen Lehren erscheint entsprechend unser vermeintlich unteilbares Ich als eine fluide Struktur, die durch vielfältige Faktoren und Konstellationen bedingt ist.

Will man die Beziehung der Positionen und der damit zusammenhängenden Selbst- und Weltverhältnisse untersuchen, ist eine systemische Methodologie nötig. Sie ist möglich, da sich diese Verhältnisse bereits in der Alltagssprache, d. h. den Erzählungen gewöhnlicher

---

[39] Diese Parallelen sind vom Autor bereits in dem Buch *Welten ohne Grund. Buddhismus, Sinn und Konstruktion* (2014b) ausführlich ausgelotet worden.

Menschen, zeigen. In der Fachliteratur ist dieser Zugang mittlerweile unter dem Begriff »Kontexturanalyse« bekannt geworden.[40] Im Folgenden möchte ich versuchen, die Grundzüge dieser auf den ersten Blick recht anspruchsvoll erscheinenden Methodologie kurz vorzustellen.

Mehrdeutigkeit und Polyvalenz der Alltagskommunikation
Das Individuum, gerade in der modernen Gesellschaft, stellt aus neurowissenschaftlicher und konstruktivistischer Perspektive keineswegs eine Einheit dar. Schon aus einer phänomenologischen Perspektive erscheint es eher als ein *Dividuum* denn als ein kohärentes Individuum. In unserem Bewusstseinsstrom erscheinen eine Vielzahl unterschiedlicher, sich oftmals widersprechender Stimmen und Gemütsbewegungen.

Zudem bilden die sozialen Sphären, in die ein Mensch eingebettet ist, keineswegs einen einheitlichen, in sich kohärenten Wertezusammenhang. An sich stellt dies keine neue Erkenntnis dar. Schon Wilhelm Dilthey stellte fest, dass das »einzelne Individuum« ein »Kreuzungspunkt einer Mehrheit von Systemen« ist, »welche sich im Verlauf der fortschreitenden Kultur immer feiner spezialisieren«[41] und ausdifferenzieren. Ereignisse und kommunikative Akte sind entsprechend polyvalent, d. h., es kann an sie von verschiedener Seite auf unterschiedliche Weise angeschlossen werden. Der kurze Blick eines anderen Menschen kann für uns als Ermutigung, als Verunsicherung oder einfach bedeutungslos erscheinen. Die gehörten Worte können wörtlich oder ironisch, glaubhaft oder gelogen, sinnvoll oder mit einem verdeckten Sinn unterlegt erscheinen.

Auch linguistische und ethnomethodologische Untersuchungen der menschlichen Alltagskommunikation stellen fest, dass die sprachlichen Ausdrucksgestalten, deren wir Menschen uns üblicherweise bedienen, in der Regel vage und mehrdeutig sind. Ebenso weisen

---

40 Siehe zur Einführung Jansen, von Schlippe und Vogd (2015), Vogd (2014a) sowie ausführlicher Vogd (2018).
41 Und weiter: »Ja derselbe Lebensakt eines Individuums kann diese Vielseitigkeit zeigen. Indem ein Gelehrter ein Werk abfasst, kann dieser Vorgang ein Glied in der Verbindung von Wahrheiten bilden, welche die Wissenschaft ausmachen; zugleich ist derselbe das wichtigste Glied des ökonomischen Vorgangs, der in Anfertigung und Verkauf der Exemplare sich vollzieht; derselbe hat weiter als Ausführung eines Vertrags eine rechtliche Seite, und er kann ein Bestandteil der in den Verwaltungszusammenhang eingeordneten Berufsfunktion des Gelehrten sein. Das Niederschreiben eines jeden Buchstabens dieses Werkes ist so ein Bestandteil all dieser Systeme« (Dilthey 1959, S. 51).

viele Wörter bzw. Worte mehrere Bedeutungshöfe auf. Auch hier wird, wie in vielen anderen Fällen, zunächst die Ambiguität möglicher Bedeutungen auszuhalten zu sein. Oder, um es allgemeiner zu formulieren: Eine der grundlegenden Eigenschaften alltagssprachlicher Äußerungen scheint gerade darin zu liegen, mehrdeutig und polyvalent zu sein.[42] Dies hat auch für das Verständnis von Kommunikation weitreichende Bedeutung, denn wir müssen nun mit Harold Garfinkel akzeptieren, dass der »Sinn des Sachverhalts, auf den man sich bezieht«, vom

> »Hörer nicht dadurch entschieden (wird), dass er nur das bereits Gesagte in Betracht zieht, sondern dass er auch dasjenige einbezieht, was im künftigen Gesprächsverlauf gesagt sein wird. Derartige zeitlich geordnete Mengen von Feststellungen machen es erforderlich, dass der Hörer an jedem gegenwärtig erreichten Punkt in der Interaktion voraussetzt, durch das Warten auf das, was die andere Person noch zu einem späteren Zeitpunkt sage, werde die gegenwärtige Deutung dessen, was schon gesagt oder getan worden ist, später einer endgültigen Klärung zugeführt sein.«[43]

Es zeigen sich hier im Hinblick auf die Sach-, Sozial- und Zeitdimension verschiedene miteinander verwobene Aspekte des einen Sprechaktes:

- Das Gesagte erscheint in Bezug auf den Sachverhalt mehrdeutig.
- Es ist nicht (immer) eindeutig, was vom Hörer verlangt wird (ob an ihn appelliert, er gewarnt, ihm nur berichtet, von ihm Verständnis eingefordert, an ihn eine versteckte Botschaft adressiert oder anderes erwartet wird).
- Hörer haben die Kompetenz, Ambivalenzen auszuhalten.
- Projektionen in die Zukunft erlauben es, dem Gesagten auf Verdacht einen Sinn zu geben.
- Später erfolgende Äußerungen von Dritten führen zur neuen Deutung vergangener Äußerungen.
- Kurzum: Wie in Jacques Derridas *différance* stehen Texte und Aussagenkomplexe ständig in Spannung und Widerspruch zu

---

42 Die Ausnahme stellt die Sprache der Logik dar, die dann allerdings für die vielfältigen Zwecke der menschlichen Alltagskommunikation nicht zu gebrauchen ist. Siehe hierzu grundlegend Lakoff (1971).
43 Garfinkel (1973, S. 208).

sich selbst.⁴⁴ Ihre Bedeutung verschiebt sich mit jedem neuen Text. Bedeutung ist nie absolut, sondern immer relational.

Schauen wir auf ein illustres Beispiel aus dem Kontext der ambivalenten Lehrer-Schüler-Beziehung im tibetischen Buddhismus:

HERR MARTINI »Ja, Sogyal sagt manchmal, das sind schon wirklich sehr, sehr [lachend] degenerierte Zeiten, dass so jemand wie ich 'n Lehrer ist, dem ihr folgt.« [Beide lachen.]

INTERVIEWERIN »Ja, er hat wirklich Humor.«

Das Gespräch, aus dem diese Interviewsequenz stammt, fand 2016, also noch vor der Veröffentlichung der schweren Anschuldigung der Schüler aus dem inneren Kreis, statt. Zwei Jahre später mag eine solche Aussage kaum mehr in einer unschuldigen Weise humorvoll, sondern eher dreist oder verwegen erscheinen. Vielen Hörern oder Lesern wird jetzt vielmehr das Lachen im Halse stecken bleiben.

Vielleicht würde man Herrn Martini auch unterstellen wollen, bereits von den Problemen gewusst zu haben, er also selbst zur Verschleierung beigetragen habe. Manche könnten jetzt sogar dazu neigen, Sogyal unbewusste Motive zuzurechnen, etwa in dem Sinne, dass »ein Teil von ihm« doch die Wahrheit zum Ausdruck bringen wollte, auch wenn offiziell weiterhin die Tatsachen verschwiegen worden sind.

An dieser Stelle ist jedoch weiterhin darauf hinzuweisen, dass die Ambivalenzen durch die späteren kommunikativen Akte nicht aufgeklärt werden, sondern nur eine Verschiebung möglicher und denkbarer Bedeutungshorizonte mit sich bringen. Ob Sogyal einen Scharlatan darstellt, ein besonders wirksamer Lehrer oder etwas ganz anderes ist, lässt sich auch hier nicht abschließend klären. Für Menschen, die zu der Gruppe gehören, welche Sogyal immer noch als verkörperten Ausdruck erleuchteten Mitgefühls ansehen, liegt etwa eine Lesart nahe, dass seine Weisheit gerade darin bestehe, dass er degenerierte Schüler durch degenerierte Methoden zum Aufwachen bringt.

Wie auch immer: Sinn und Bedeutung erscheinen mehrdeutig und unbestimmt, um dann später in der Kommunikation in einem bestimmbaren, jedoch nicht unbedingt für beide Seiten auf gleiche Weise bestimmten Sinn einzurasten.

---
44 Derrida (2004).

Sehr wohl hängt jedoch das, was an einer Stelle geschieht, von dem ab, was an einem anderen Sprecherort passiert. Entfalten wir deshalb die damit einhergehende logische Grammatik etwas ausführlicher.

5.1 Polykontexturalität – Arrangements divergierender Perspektiven

Hiermit kommen wir zum Thema und Begriff »Polykontexturalität«, der zunächst in folgender Weise definiert werden soll: Wir gehen davon aus, dass es unterschiedliche logische Orte gibt (etwa Sprecher und Hörer auf verschiedenen Positionen), die das, was innerhalb ihrer Beziehung geschieht, eigenständig interpretieren, dabei aber in dem, was geschieht, nicht voneinander unabhängig sind, sondern in einer nichttrivialen Weise miteinander in Beziehung stehen.

Das Besondere an der polykontexturalen Perspektive besteht nicht zuletzt darin, dass Menschen, Milieus und Gruppen, Beziehungen, Organisationen etc. nicht im Einklang mit sich selbst sein müssen, sondern dass Unstimmigkeiten, Inkommensurabilitäten oder logische Widersprüche zwischen unterschiedlichen Aspekten die Regel sind.

Die Grundidee ist dabei folgende: Logische Teilsysteme – Gotthard Günther spricht hier von Kontexturen – werden auf unterschiedliche logische Orte aufgeteilt. Ein logischer Ort entspricht jeweils der Position eines Beobachters. Innerhalb einer Kontextur gelten die Gesetze der klassischen Logik. Es ist hier also unterscheidbar, was (wahr) ist und was nicht (wahr) ist (sondern falsch), während von einem anderen logischen Ort aus etwas ganz anderes zum Thema werden kann und zudem aus der anderen Perspektive das, was an einem anderen Ort wahr erscheint, nun falsch sein kann.

> **Polykontexturalität**
>
> Die Theorie der Polykontexturalität besagt, dass es kein Zentrum gibt, von dem aus eine einheitliche Beobachtung möglich ist. Was von einem Ort aus wahr erscheint, kann von einem anderen Ort aus falsch erscheinen und umgekehrt. Indem jedem Beobachter ein logischer Ort zugewiesen wird, ist es möglich, die Kontextabhängigkeit von Subjektivität formal zu beschreiben und damit zu einem Bild divergierender Perspektiven unterschiedlicher Beobachter zu verweben, die sich wechselseitig beeinflussen.

5.1 Polykontexturalität – Arrangements divergierender Perspektiven

Empirisch wird Polykontexturalität schon immer dann relevant, wenn zwei Menschen sich begegnen, denn hiermit handelt es sich offensichtlich zwei logische Orte, von denen aus das, was der Fall ist, unterschiedlich erscheinen kann. Was der eine sieht und für wahr hält, braucht nicht dasselbe zu sein, was der andere wahrnimmt und für richtig hält. Analytisch ist mit Günther zunächst zwischen den drei Positionen »Ich«, »Es« und »Du« zu differenzieren, woraus dann unterschiedliche Reflexionsbeziehungen abgeleitet werden können. Das »Ich-Es«-Verhältnis stellt die Beziehung eines Subjekts zu einem objektivierbaren Gegenstand dar. Es bildet eine einfache Kontextur. Eine Sachlage besteht oder eben nicht. Ob beispielsweise der Lama eine dunkelrote Robe anhat, lässt sich entsprechend eindeutig entscheiden. Wenn jemand nachfragt, weiß man vielleicht noch nicht sofort die Antwort, man kann aber hinschauen, um zu wissen, was diesbezüglich der Fall ist.

Beim »Ich-Du«-Verhältnis stellt sich das Problem jedoch anders dar: Das »Du« erscheint im wechselseitigen Austauschverhältnis als ein anderes »Ich«, das selbst eine Subjekt-Objekt-Relation – und damit eine andere Kontextur – bildet. Das »Du« hat eine eigene Welt, die vom »Ich« aus nicht zugänglich ist. Ich kann zwar ahnen, mitfühlen und mit Blick auf mir vertraute Konzepte vermuten, was der andere erleben mag. Ich kann es aber niemals wirklich wissen. Selbst wenn ich den anderen danach fragen würde und er mir eine Antwort gäbe, könnte ich nicht sicher beurteilen, ob er die Wahrheit sagt oder lügt bzw. ob ich seine Worte so verstehe, wie er sie gemeint hat.

Die Reflexion des »Du« durch mein »Ich« fügt diesem etwas hinzu, was durch die Spiegelung von Sein im Subjekt nicht gedeckt ist. Es gibt nicht einmal objektive Kriterien, die es erlauben zu beurteilen, ob das »Du« wirklich »Subjektivität« besitzt oder ob man es lediglich mit einem hoch entwickelten strukturdeterminierten Automaten, einem bewusstseinslosen Wesen – einer Art »Zombie« –, zu tun hat. Fremde Subjektivität lässt sich weder erfahren noch objektiv beweisen, sondern nur durch Reflexion zuschreiben. Doch wie auch immer das Ergebnis einer entsprechenden Reflexion ausfallen mag, mit ihr tritt unweigerlich etwas Eigenständiges, etwas Drittes in die Beziehung von »Ich« und »Du« mit ein.

Wie gesagt, erscheint die Beziehung zwischen »Ich« und »Du« als ein Reflexionsverhältnis, das sich durch Deutung und Zurechnung, nicht jedoch als objektivierbare Abbildung von einem »Es« im »Ich« realisiert. Hiermit ergeben sich unterschiedliche Möglichkeiten der Relationierung, also des Sich-zueinander-in-Beziehung-Setzens. So kann das »Ich« etwa versuchen, sich das Verhältnis von »Es« und »Du« (also der Wahrnehmung von »Es« aus der Perspektive eines anderen, des »Du«) zu vergegenwärtigen.

Durch die hiermit erzeugte reflexive Distanz wird eine Operation möglich, welche die (vermeintliche) Gewissheit der unmittelbaren Wahrnehmung hinterfragen und anzweifeln lässt. Die Kontextur, welche die ursprüngliche, egologische Sicht aufspannt, wird nun verworfen. Stattdessen kommt das Verhältnis von Perspektiven in den Blick.

So ließe sich beispielsweise sagen: »Was du wahrnimmst, ist eine Täuschung« bzw. »Du willst mich täuschen«; oder umgekehrt: »Wenn du es so siehst und erlebst, dann täusche ich mich wohl, denn ich vertraue dir und deinem Urteil.« Ebenso könnten Zweifel darüber entstehen, was der Fall ist. Man könnte vielleicht sagen (oder denken): »Ich weiß nicht«, »*Vielleicht* täuschst du dich«, »Ich *möchte* dir *glauben*, vertraue dir aber nicht *ganz*«, »Vielleicht geht es ja um etwas ganz anderes, möglicherweise bist du gar nicht an mir oder einer ernsthaften Beziehung interessiert, sondern möchtest mich nur ausbeuten«. Es können also nicht nur die Aussagen selber, sondern der Raum, in dem sie Sinn ergeben, infrage gestellt, zurückgewiesen und ausgetauscht werden. Allein diese wenigen Beispiele lassen den epistemischen Strukturreichtum deutlich werden, den bereits die viergliedrige »Ich-Du«-Beziehung aufwirft.[45] Es wird klar, dass die hiermit einhergehenden Unbestimmtheiten und Unsicherheiten nicht durch eine logische Analyse aufgelöst werden können, sondern inhärenter Bestandteil eines polykontexturalen Arrangements darstellen,[46] das spontan entsteht, sobald unterschiedliche Perspektiven ins Spiel kommen.

---

[45] Auch hier zeigen sich, wie auch Niklas Luhmann (1996, S. 283) feststellt, deutliche Parallelen zwischen Gotthard Günthers Theorie der Polykontexturalität und Merleau-Pontys Phänomenologie (2004, S. 111): »Schon aufgrund der Tatsache, dass ich eine Bresche einschlage in die Mauer meines Solipsismus, durch die der Blick des anderen eindringt, habe ich es nicht mehr mit einer Dichotomie zu tun – der des ›Für-sich‹ und der des ›Für-andere‹ –, sondern mit einem System, das aus vier Gliedern besteht: meinem Sein-für-mich, meinem Sein-für-andere, dem Für-sich des anderen und seinem Sein-für-mich. [...] einzig schon dadurch, dass ich es umschrieben habe, und sei es punktiert, ist es in mein Universum eingeschnitten, gibt es eine Schnittfläche zwischen meinem Universum und dem des anderen.«

[46] Um das viergliedrige polykontexturale Arrangement mit Kaehr (1993, S. 171 f.) formal zu beschreiben: »Was Operator an einem Ort, ist Operand an einem anderen Ort und umgekehrt. Damit wird die Zirkularität der Selbstbezüglichkeit von Operator und Operand nach der Figur des Chiasmus über vier Orte verteilt. Die Zirkularität löst sich auf in einen chiastischen Mechanismus von Ordnungs- und Umtauschrelationen, in dem die zwei fundamentalen Zirkularitäten zwischen Operator und Operand im Spiel sind, ohne dabei die fundamentale Hierarchie zwischen Operator und Operand zu verletzen. [...] Umtausch- und Ordnungsrelationen, Hierarchie und Heterarchie der Operativität und Relationalität fundieren sich gegenseitig.«

*Das Tetralemma: ja, nein, sowohl als auch, weder noch –
und selbst das nicht*

All die oben benannten Prozesse und die mit ihnen zusammenhängenden Verwicklungen sind nicht mehr mit den Mitteln einer zweiwertigen Logik beschreibbar, denn die Sachlage stellt sich jetzt nicht mehr nur so dar, dass ein Beobachter Objekte erkennt, die entweder *sind* oder *nicht sind*. Vielmehr können jetzt auch Perspektiven und Sichtweisen negiert werden. So kann auch der Kontext, in dem eine Aussage richtig oder falsch ist, zurückgewiesen werden. Mit Blick auf die Beziehung zum Partner könnte beispielsweise gesagt werden: »Es geht nicht darum, ob er dies gemacht hat oder nicht, sondern darum, ob du ihn liebst.« Aus einer weiteren Position heraus wiederum könnte die Liebe als Kontext der Unterscheidung zurückgewiesen werden, etwa indem gesagt wird, es gehe letztendlich nicht um Liebe, sondern um Rechtmäßigkeit. Bei jedem Wechsel des Kontextes wird ein neuer logischer Raum geöffnet. Wenngleich die Beschreibung dieser Prozesse durch die polykontexturale Logik einen hochabstrakten Formalismus bemüht, so könnten die durch ihn beschriebenen Vorgänge kaum näher an unseren alltäglichen menschlichen Verwicklungen dran sein. Man denke beispielsweise an ein kleines Familienunternehmen, bei dem der geliebte Sohn dem Geschäft durch eine strafbare Handlung Schaden zuzufügen droht. Hält man nun zum Sohn und vertuscht die Straftat, oder strebt man ein Rechtsverfahren gegen ihn an? Liebe, Recht und wirtschaftlicher Erfolg erscheinen nun als drei inkommensurable Räume, die in ein wie auch immer geartetes Arrangement gebracht werden müssen (in unserem Beispiel etwa: »die Augen vor den Fehlern des Sohnes verschließen«; »das Rechtsvergehen verschleiern, um das Geschäft nicht zu gefährden, aber den Sohn aus dem Herzen verstoßen«; »ihn für seine Taten verantwortlich machen, ohne jedoch die Liebe zu ihm aufzugeben« etc.)

Erst auf der Basis einer strukturreichen, polykontexturalen Logik lassen sich solche Verhältnisse beschreiben, indem nämlich vermeintliche Widersprüche auf unterschiedliche Orte im logischen Raum verteilt werden, die jeweils eine spezifische Beobachterperspektive repräsentieren.

Varga von Kibéd uns Sparrer haben hieraus die Tetralemma-Strukturaufstellungen entwickelt.[47] Sie enthält fünf Positionen:

---

[47] Varga von Kibéd und Sparrer (2000); siehe auch Kleve (2011).

- Position 1: Das Eine – der logische Raum A (in unserem Beispiel: »Recht« oder »Unrecht«)
- Position 2: Das Andere – der logische Raum B (in unserem Beispiel: »lieben« vs. »nicht lieben«)
- Position 3: Beides – sowohl ... als auch
- Position 4: Keines von beidem – weder ... noch
- Position 5: All dies nicht und selbst das nicht – der unmarkierte Raum jenseits aller Unterscheidungen.
- Um es mit anderen Worten zusammenzufassen:

»Die Operation der Negation setzt eine grundsätzlichere Operation bereits voraus: nämlich die Zäsur, die dazu führt, dass ein Objekt als unterschieden von anderem bezeichnet wird.«[48]

Wer sich in der Geschichte des buddhistischen Denkens auskennt, wird hier deutliche Parallelen zu Nāgārjunas wie auch zu Dōgen Zenjis mehrfacher Negation entdecken, entsprechend welcher die Negation der Negation nicht einfach in eine Bejahung aufgeht, sondern zugleich den Raum zu einer kreativen, nichtdefinierten Leere eröffnet.[49]

Aus einer logischen Perspektive lässt sich dies mit Günther dadurch begreifen, dass in der klassischen zweiwertigen Logik mit der Operation der Negation ein Schritt angelegt ist, der über die Zweiwertigkeit selbst hinausreicht: Durch die Axiomatik der klassischen Logik – den Satz der Identität, den Satz vom ausgeschlossenen Widerspruch und den Satz des ausgeschlossenen Dritten – wird eine Umtauschrelation zwischen p (sein) und $\sim p$ (nichtsein) etabliert, in der beide Positionen durch die Differenz zu der je anderen bestimmt sind. Einzig die Negation bildet sich dabei selbst ab.[50] Günther weist nun darauf hin, dass die Negation die Zweiwertigkeit *nolens volens* allein schon dadurch transzendiert, dass sie sie als Umtauschrelation der Werte überhaupt erst konstituiert, wenngleich innerhalb der Axiomatik die hiermit verbundene Reflexionsbeziehung selbst nicht bestimmt wird. Innerhalb einer Kontextur sehen wir immer nur das Ergebnis einer Unterscheidung (die Wahrnehmung eines Objekts, die Bewertung als wahr oder falsch etc.), nicht jedoch den Prozess, der diese Unterscheidung aufbaut.[51]

---
48 Esposito (1993, S. 105).
49 Siehe hierzu etwa Wilmes (2018).
50 Günther (1963, S. 26).
51 Günther (1976a).

Hiermit gilt aber auch: All das, was wir als unsere unmittelbare Realität erfahren (das Sein im Unterschied zum Nichtsein), ist nicht per se gegeben. Gleiches gilt für die Sätze, welche diese Realität beschreiben (also zwischen wahr oder falsch unterscheiden lassen), die Reflexionen, welche ein »Du« als eigenständige Subjektivität identifizieren, sowie die Beziehungen zu uns und zu anderen. All dies wird gewissermaßen in die Welt *hineinbeobachtet*. Menschen (und andere Lebewesen) sind nicht einfach Teil der Welt, sondern haben eine Welt, sie bauen sich also die Unterscheidungen auf, die dann als ihre Welt erscheinen.

Subjektives Erleben, doch kein inneres Seelenwesen –
Günthers Leerstellengrammatik
An dieser Stelle müssen wir freilich aufpassen, nicht dem Missverständnis des konstruktivistischen Solipsismus aufzusitzen. Es ist klar, dass die reflexiven Ressourcen, die dafür notwendig sind, ein Selbst- und Weltverhältnis aufzubauen, nicht von einem einzelnen Akteur kommen können. Es bedarf der Berührung und Anrede durch andere Wesen, damit ein stabiles Selbst ausgebildet wird. Unterscheidungen wie wahr und falsch, Subjekt und Objekt etc. sind also nicht per se gegeben, sondern verdanken sich ihrerseits einem polykontexturalen Arrangement.

Formal wird die Struktur dieser Arrangements von Günther durch die sogenannte Morphogrammatik oder auch Leerstellengrammatik definiert. Sie beschreibt den logischen Raum der Positionen, die zueinander in Beziehung stehen, wobei die Werte, welche an den Positionen eingenommen werden, noch nicht besetzt sind. Dennoch hängen diese Werte in der Weise voneinander ab, dass die Bestimmung an einem Ort die Möglichkeiten dessen, was an einem anderen Ort der Fall sein kann, konditioniert. Was innerhalb einer Interaktion als Subjekt und als Objekt erscheint, verdankt sich entsprechend dem Gesamtarrangement. Dies gilt selbstredend für die »Du«-Position (man nehme etwa das Beispiel eines verhaltensauffälligen Mannes, der durch die medizinische Diagnose eines Hirntumors plötzlich nicht mehr als subjektiver Urheber seiner Handlungen erscheint, was schlagartig das ganze Beziehungsnetzwerk verändert). Gleiches gilt für die »Ich«-Position (so macht es einen Unterschied, ob die Frau dieses Mannes sich als die Liebende empfindet oder als Getriebene, die ihrem Anspruch nicht mehr gerecht werden kann). Eine der wesentlichen Leistungen der Leerstellengrammatik besteht also darin, »eine Strukturschicht« zu beschreiben, »in der die Differenz zwischen Subjektivität und Objektivität erst etabliert wird und deshalb dort noch nicht vorausgesetzt werden kann«.[52]

Auch wie ein Mensch zu sich selbst steht (also ob er sich etwa mit sich im Einklang empfindet oder nicht), hängt in diesem Sinne von den weiteren Positionen in angrenzenden logischen Räumen sowie ihren Besetzungen ab (so wird es für die Frau aus unserem Beispiel einen Unterschied machen, ob eine Psychologin sie dazu ermuntert, sich mit ihrer Ohnmacht und Schwäche zu identifizieren, oder ob ein befreundeter Pfarrer sie dazu anhält, noch mehr Hingabe und Opferbereitschaft für ihren kranken Mann zu zeigen).

Leiblichkeit polykontextural – Worte schnappen in den Körper hinein
Noch auf einen anderen methodologisch relevanten Aspekt ist hier hinzuweisen: Unter einer polykontexturalen Perspektive kann auch die Leiblichkeit keine logische Einheit darstellen, sondern ist ihrerseits nur als ein Verbund verschiedener Kontexturen zu begreifen. Dies wird allein schon mit Blick auf die Dynamik der Reflexion von »einen Körper haben« und »Leib sein« deutlich. Das Bewusstsein kann sich mit seinem Körper identisch und nichtidentisch fühlen, was durch die Sprache als sozial angelieferten Sinn moderiert wird, wodurch dann gleichsam die Perspektiven anderer logischer Orte in den Leib eindringen. Ein Mensch, der mir wichtig ist, spricht ein Lob aus, und ich fühle mich gut. Umgekehrt, wenn ich eine Beleidigung vernehme, fühle ich mich schlecht. Symbol- und Zeichenoperationen, die in (menschlichen) Interaktionen auftreten, verweisen damit nicht einfach nur auf etwas anderes, sondern sie konstituieren eine jeweils spezifische Erkenntnissituation, die als empfundene leibliche Erfahrung ihre eigene ontologische Dignität produziert. Das, was ich höre, und die hiermit einhergehenden Empfindungen haben ihre eigene Realität. Die Worte erscheinen nun als eine empfundene Gegenständlichkeit, die ein spezifisches Reflexionsverhältnis konstituiert, das dann weitere Prozesse moderiert. Oder, in den Worten des Phänomenologen ausgedrückt: »Plötzlich merke ich, wie das Wort in meinen Körper hineinschnappt«[53] (»und mir nichts anderes übrig

---
52 Günther (1976b, S. 216).
53 Merleau-Ponty (1974, S. 275).

bleibt, als mich hierzu zu verhalten«, könnte man ergänzen). Auch der menschliche Leib ist polykontextural gelagert (so wäre in unserem Beispiel etwa denkbar, dass die Frau nach dem Gespräch mit dem Pfarrer ihren kranken Mann zwar weiterhin lieben und pflegen möchte, doch ihr Körper nicht mitspielt und entsprechend die Beziehung zu ihrem Manne erneut auszutarieren ist).

Fassen wir zusammen: Die Theorie der Polykontexturalität liefert einerseits ein Analyseinstrument für die Selbst- und Weltverhältnisse eines Menschen. Es kann rekonstruiert werden, wie er sich aus dieser Position heraus zu anderen Positionen ins Verhältnis setzt, das heißt, ob andere Perspektiven negiert, in ihrer Eigenlogik anerkannt, aber abgewiesen oder zumindest teilweise als berechtigt mit der eigenen Position in Beziehung gesetzt werden.[54]

Andererseits ermöglicht die polykontexturale Perspektive die Analyse des Arrangements, das ein jeweils spezifisches Selbst- und Weltverhältnis ermöglicht. Im Sinne der güntherschen Leerstellengrammatik richtet sich die Aufmerksamkeit dabei auf die in einer jeweils spezifischen sozialen Beziehungsstruktur eingenommenen Positionen. Die Struktur der Beziehungen im Netzwerk der Positionen kommt in den Blick. Je nachdem, welche Werte (bzw. Haltungen) an einer Position angenommen werden, eröffnen sich andere Optionen – das heißt Freiheitsgrade und Einschränkungen – im Hinblick auf das, was an einer anderen Position der Fall sein kann. Hiermit einhergehend ergibt sich die Möglichkeit, in vergleichender Analyse mit anderen Positionen und Arrangements zu schauen, auf welche Weise Position(en) und Arrangement miteinander verschränkt sind. Dadurch kommen übergreifende Strukturdynamiken von Gemeinschaften und Organisationen in den Blick.

5.2 Von der Sprache zum Text zum polykontexturalen Arrangement

Die Selbst- und Weltverhältnisse eines Menschen wie auch das hiermit in Zusammenhang stehende übergreifende Arrangement drücken

---

54 Die polykontexturale Analyse erlaubt hier mit Verweis auf die entsprechenden transjunktionalen Operationen – Günther (1976a) unterscheidet zwischen einer partiellen, einer totalen undifferenzierten und einer totalen differenzierten Rejektion: eine differenzierte Analyse der jeweiligen Selbst- und Weltverhältnisse (s. zur methodologischen Ausarbeitung Jansen, von Schlippe u. Vogd 2015, inbesondere §§ 26 ff.).

sich darin aus, wie dieser Mensch über sich und seine Welt spricht. Dies ist allein schon deshalb so, weil wir Menschen in unserer Sprache leben. Miteinander zu sprechen bedeutet deshalb nicht nur, dass Worte ausgetauscht werden, sondern dass wir auch die hiermit verbundenen Verhaltenskoordinationen im Körper zu spüren und den damit sich einstellenden Reflexionszumutungen ausgeliefert sind.[55] Dies entspricht auch unserer Alltagserfahrung, entsprechend deren man dem Sinn von Worten, die man hört, zwar widersprechen mag, ihrer Wirkung damit aber nicht entkommen kann. Denn die durch sie ausgelösten Reaktionsmuster sind aufgrund der eigenen Interaktionsgeschichte bereits neurophysiologisch verankert. Sobald man hinreichend in der Sprache lebt, bekommen selbst vermeintlich sinnlose Worte Kraft – deshalb funktionieren Beleidigungen. Die Worte dringen auch dann in den leiblichen Prozess ein, wenn man sich eigentlich nicht beleidigen lassen möchte.

Sprachliche Bilder wirken also nicht, wie man zunächst meinen könnte, als abstrakte Als-ob-Fiktionen, sondern im Sinne einer konkreten Analogie, welche unsere »reale Identität« betrifft. Es hat »ein »scharfes« Geräusch dieselbe Bedeutung wie ein geschliffenes Messer oder ein »tödliches« Wort.[56] Beides zerschneidet das Gelingen des Lebensvollzugs.[57] Wenn uns Menschen aus unserem Beziehungsnetzwerk ihre Wertschätzung ausdrücken oder umgekehrt abwerten oder gar verfluchen, so macht es selbst dann etwas mit uns, wenn wir wissen, dass es nur Worte sind. Ebenso berühren uns die Worte, welche Menschen betreffen, die im Guten wie im Schlechten für uns von Bedeutung sind. Denn diese Menschen sind als symbolische Repräsentationen ebenfalls längst schon gefühlter Bestandteil unserer Selbst- und Weltverhältnisse.

Die enge Verbindung von Sprache und menschlichem Erleben ermöglicht es umgekehrt, mithilfe seiner Erzählungen seine Selbst- und Weltverhältnisse zu rekonstruieren. In einem guten Gespräch kann

---

55 Um es mit den Worten von Merleau Ponty zu formulieren (1974, S. 216): »Auf die eine oder andere Weise müssen Worte und Sprache nicht bloß Mittel zur Bezeichnung von Gegenständen oder Gedanken, sondern die Weise der Gegenwart des Gedankens selbst in der sinnlichen Welt, nicht nur Umkleidung, sondern Wahrzeichen oder Leib des Denkens sein.«
56 So Weber (2003, S 120).
57 »Für den Körper müssen zwei auf diese Weise analoge Dinge identisch sein. Identität heißt hier: Sie müssen die gleiche organische Wirksamkeit haben, die gleiche existenzielle Bedeutung für den Organismus. Das heißt folglich, dass sie aus dessen Perspektive das Gleiche sind, und damit, dass nichtdiskursive (präsentative) Symbole sind, was sie bedeuten. Physisches und Psychisches ist auf dieser Ebene eins« (ebd.).

die Komplexität seiner Beziehungsgeschichte deutlich werden. Sein Verhältnis zu sich selbst und zu seiner Welt wie auch die Positionen, welche diese Weltkonditionieren, kommen dabei in einem vielstimmigen, polyphonen sprachlichen Gewebe zum Ausdruck.

Polyphonie – Stimmen und Standorte in Beziehung
Der Begriff »Polyphonie«[58] wurde in die Linguistik erstmals von Michail M. Bachtin in seinem 1929 erschienenen Buch mit Blick auf Dostojewskis Poetik eingeführt.[59] Gleich einer Fuge zeige sich hier, so Bachtin, eine mehrstimmige Kompositionsweise, in der die menschliche Individualität der in der Geschichte vorkommenden Akteure kontinuierlich durch Dialoge geformt und verändert werde, weshalb dieser Prozess auch niemals zum Abschluss komme. Im Folgenden findet sich eine kurze Einführung in die linguistischen Besonderheiten der Analyse. Leser, die an diesen methodologischen Details der Analyse von Sprechakten nicht interessiert sind, mögen diese Abschnitte überspringen.

Oswald Ducrot spezifiziert die Analyse polyphoner Verhältnisse durch die Differenzierung zwischen Stimmen und Standorten.[60] »Stimme« verweist auf die im Text zum Ausdruck kommenden Sprecherinstanzen. Mit ihm erscheinen zunächst der Autor des Textes selbst sowie durch Zitat und direkte Rede eingebettete weitere Stimmen. Standorte oder Perspektiven können dem gegenüber durch vielfältige Mittel eingeführt werden. Zu nennen sind hier zunächst indirekte Rede, Einklammerungen oder einfach der Gebrauch von Nomen, die eine Relation auf jemand anderen anzeigen. So lassen sich beispielsweise in dem bereits zuvor erwähnten Satz (»Ja, Sogyal sagt manchmal, das sind schon wirklich sehr, sehr degenerierte Zeiten, dass so jemand wie ich 'n Lehrer ist, dem ihr folgt«) drei Standorte identifizieren: der übergeordnete Standpunkt des Sprechers (»Ja, Sogyal sagt ...«), der Standpunkt Sogyals (»das sind schon wirklich sehr, sehr degenerierte Zeiten ...«) und der Standpunkt bzw. die Perspektive der Schüler, für die Sogyal der Lehrer ist (»dem ihr folgt«).

Die Unterscheidung von Stimme und Standort findet sich ebenso in der Sprechakttheorie von John L. Austin und John R. Searle,[61] in der

---
58 Ich danke an dieser Stelle ausdrücklich Julia Genz für ihre hilfreichen Erläuterungen zum Begriff der Polyphonie in den Literaturwissenschaften.
59 Bachtin (1971).
60 Ducrot (1984).
61 Austin (1979) und Searle (1969).

drei Ebenen unterschieden werden. Der lokutionären Ebene entspricht das Produzieren von Äußerungen, die dann im Text als »Stimmen« erscheinen, von denen, wie zuvor erwähnt, neben der des Autors (etwa in Form des direkten oder indirekten Zitats) mehrere eingebettet werden können. Die propositionale Ebene verweist auf die Inhaltsebene von Sprechakten, deren Hilfe in der semantischen Analyse (wie im Beispiel zuvor) unter anderem auch unterschiedliche Standorte identifiziert werden. Die Illukotion als dritte Ebene gibt Aufschluss darüber, dass Sprechakte nicht nur etwas sagen, sondern auch in sozialer Hinsicht etwas tun, etwa berichten oder behaupten (Repräsentiva), etwas anordnen, raten oder erbitten (Direktiva), sich selbst festlegen oder etwas geloben (Kommissiva) oder etwa innere Zustände und Gefühlslagen ausdrücken (Expressiva) oder einen Mahnruf darstellen (Appellfunktion). Darüber hinaus sind auch die sogenannten performativen Sprechakte zu nennen, die in ihrem Vollzug das tun, was sie sagen (Deklarative). Sie setzen jemanden im performativen Vollzug des Sprechaktes in eine entsprechende Position ein. Man denke hier etwa an Taufen, Segnungen oder Ernennungen.

Modalitäten – Distanzierungen und Identifizierungen
Mit Paul Gévaudan ergeben sich zudem zwei weitere Differenzierungen in den Stimmen, nämlich einerseits im Hinblick auf die Frage, für welche Propositionen (und in welchem Ausmaß) ein Sprecher (Stimme) oder ein eingebetteter Sprecher (Standort) für eine Aussage (Proposition) Verantwortung übernehmen mag. Andererseits lässt sich darüber hinaus unterscheiden, ob dies aus einer »objektiven« oder »subjektiven« Modalität heraus geschieht.[62]

Betrachten wir zur Illustration die folgenden Variationen eines Satzes, welche die Heiligkeit eines spirituellen Lehrers zum Thema haben:

1. »Er hat den Zustand der Befreiung aus Gier, Abneigung und Unwissenheit erlangt.«
2. »Er hat anscheinend den Zustand der Befreiung aus Gier, Abneigung und Unwissenheit erlangt.«
3. »Ich weiß, dass er den Zustand der Befreiung aus Gier, Abneigung und Unwissenheit erlangt hat.«

---
62 Gévaudan (2010).

4. »Ich glaube, dass er den Zustand der Befreiung aus Gier, Abneigung und Unwissenheit erlangt hat.«
5. »Ich zweifle daran, dass er den Zustand der Befreiung aus Gier, Abneigung und Unwissenheit erlangt hat.«
6. »Ich versichere, dass er den Zustand der Befreiung aus Gier, Abneigung und Unwissenheit erlangt hat.«

Satz (1) behauptet aus einer objektiven Perspektive, dass der Lehrer die besagte spirituelle Errungenschaft (die in buddhistischen Kreisen landläufig mit dem Begriff der »vollkommenen Erleuchtung« bezeichnet wird) besitzt.

Satz (2) behält die objektive Perspektive bei, wobei jedoch für die Richtigkeit der Aussage keine Verantwortung übernommen wird, da die Differenz von Schein und Sein (»anscheinend«) als unauflösbar markiert wird.

Satz (3) verweist auf den Standort einer subjektiven Perspektive (»Ich«), wobei auf die Gewissheit der eigenen Position verwiesen wird (»Ich weiß«).

Satz (4) markiert die Unsicherheit der eigenen Position, wobei mit dem Begriff weiterhin eine Festlegung eingegangen wird, welche den zweiten Teil des Satzes affirmiert.

Satz (5) verweist dem gegenüber aus einer subjektiven Position auf die Fragwürdigkeit der mit (1) aufgestellten Behauptung.

Satz (6) ist von besonderem Interesse, denn hier kommt ein performativer Sprechakt zum Ausdruck, mit dem zunächst der subjektive Standort markiert, dann aber reflexiv auf sich selbst gewendet wird mit dem Ziel, die nachfolgende Aussage mit einer die eigene Position überschreitenden Faktizität auszuzeichnen. Die subjektive Position wird gewissermaßen gedoppelt (dadurch, dass der Ausdruck »versichern« auf die Sprechhandlung selbst zurückverweist, werden Stimme und Standort in zwei Positionen ausgefaltet).

Ein im Denken Wittgensteins geschulter Leser wird dabei mit Blick auf die logisch-philosophischen Untersuchungen im *Tractatus* zunächst geneigt sein festzustellen, dass ein solcher Satz unsinnig ist, da die Affirmation als Tautologie dem Wahrheitswert des behaupteten Satz nichts hinzufügen könne.[63] Im Hinblick auf Wittgensteins Spät-

---
63 Wittgenstein (1990, 6.1 f.).

werk erschließt sich jedoch der Sinn dieses besonderen Sprachspiels.[64] Bei der Verwendung von Begriffen wie »Gewissheit«, »Zweifel« und »Glauben« zeigen sich dann nämlich Familienähnlichkeiten. Sie weisen allesamt auf innere Zustände hin, womit sowohl mit Blick auf die »Ich«-Position als auch auf die »Du«-Position die Rede mit logischen Aporien einhergeht. Denn die subjektiven Empfindungen und Wahrnehmungen der »Du«-Position sind schlichtweg von niemandem erreichbar (dies gilt selbstredend auch für die in unserem Beispiel angestellte Behauptung über die Erleuchtung oder Befreiung eines spirituellen Lehrers). Mit Blick auf die »Ich«-Position sind Haltungen wie Gewissheit oder Zweifel demgegenüber einfach nur subjektive Geisteshaltungen – nicht mehr und nicht weniger.

Hieraus folgt allerdings nicht, dass ein performativer Sprechakt, wie in Satz (6) ausgedrückt, bedeutungslos ist. Nur erschließt sich seine Bedeutung nicht aus der Analyse des propositionalen Gehaltes, sondern aus der besonderen Beziehung, die auf der illokutionären Ebene aufscheint: Im sozialen Konnex einer Gemeinschaft von Menschen, die an die Befreiung glauben wollen, erzeugt der performative Akt der Bestätigung der Befreiung erst den Befreiten. Wenngleich es Attribute oder Verhaltensweisen geben mag, die auf einen heiligen oder erleuchteten Bewusstseinszustand hinweisen, so gilt dennoch: Heiligkeit und Erleuchtung sind primär das Ergebnis eines Aktes, der entsprechende Qualitäten einem Menschen zurechnet.

Die soziale Dynamik solcher Zurechnungsprozesse erschließt sich allerdings erst in einer Kontexturanalyse, die die Arrangements und das Rollengefüge kennt, welche diese performativen Akte ermöglichen und die hiermit einhergehenden Selbst- und Weltverhältnisse auf Dauer stellen.

Einfache und komplexe Negationen – Es kommt (nicht) darauf an

Aus der literaturwissenschaftlichen Beschäftigung mit Polyphonie ergibt sich, wie Henning Nølke herausarbeitet, noch ein weiteres linguistisches Indiz für die Aufspaltung in zwei Stimmen: die Verwendung eines Negationspartikels.[65] Damit man etwas negieren kann, muss man das Negierte nämlich zuvor behaupten, was dann unweigerlich auf zwei Standpunkte verweist, die gleichzeitig aufscheinen (zur Illus-

---

64 Siehe Wittgenstein (1990).
65 Nølke (2006).

tration kann der Leser beispielsweise versuchen, jetzt nicht an einen blauen Elefanten zu denken).

Schauen wir in diesem Zusammenhang auf die folgenden Sätze:

7. »Der Meister lebt nicht in Entsagung oder im Zölibat.«
8. »Der Meister ist nicht erleuchtet.«

In (7) wird ein prinzipiell nachprüfbares, in (8) ein prinzipiell nicht nachprüfbares Verhalten postuliert, also in den logischen Raum möglicher Tatsachen gesetzt, womit diese Setzungen zugleich ins Gegenteil verkehrt werden, sodass beide Setzungen nebeneinander im Raum stehen. Auch wenn durch die Negation der Präferenzwert im Bestreiten der Aussage liegt, wird die andere Seite damit als denkbare und vertretbare Position aufgerufen, was indirekt oder direkt (dies lässt sich nur hermeneutisch entscheiden, indem der Kontext der Satzäußerung betrachtet wird) auf Sprecherpositionen verweist, die sich auf die Affirmation und nicht auf die Negation festgelegt haben. Die gewöhnliche Sprache kennt nicht nur die einfache Negation, mit der sich einer Proposition der Wert »wahr« oder »falsch« zuweisen lässt, sondern verfügt über ein komplexeres Repertoire an Negationen, welches ein Sowohl-als-auch sowie ein Weder-noch zulässt. Letzteres ist in unserem Zusammenhang besonders wichtig, denn die Zurückweisung »Weder-noch« verweist im Sinne der Kontexturanalyse auf eine Negation, welche sich auf den proponierten (und negierten) Sachverhalt selbst bezieht.[66]

Mit Blick auf den Beispielsatz (7) ließe sich etwa sagen:

9. »Es kommt nicht darauf an, ob der Meister im Zölibat lebt, sondern dass er erleuchtetes Mitgefühl mit allen Wesen hat.«

In Bezug auf Satz (8) kann darüber hinaus die Bedeutung des subjektiven Zustandes rejiziert werden, etwa indem nun behauptet wird:

10. »Es kommt nicht darauf an, ob der Meister wirklich erleuchtet ist, sondern es kommt auf meine Beziehung zu ihm an.«

---

[66] Die literaturwissenschaftliche Textanalyse arbeitet mit Ausnahme von Nina Ort (2007) allerdings bislang noch nicht mit diesen komplexen Formen der Negation, die sich aus einer polykontexturalen Logik ergeben.

Mit Blick auf die in diesen Sätzen zum Ausdruck kommende Polyphonie wird deutlich, dass sich die Anzahl der Stimmen hier nochmals verdoppelt, da die negierten Propositionen noch mitgeführt werden. Die nun erhaltene Vielstimmigkeit kann dann wiederum durch Referenzen auf weitere eingebettete Stimmen oder Positionen vervielfältigt werden. Die auf diese Weise gebildeten Sätze können mit anderen Sätzen interagieren, um auf entsprechend komplexe Arrangements zu verweisen.

In der Alltagssprache drückt sich dies durch die vielfältigen Einklammerungen, Zurückweisungen und Relativierungen aus, die unter anderem durch die Verwendung von Modalwörtern angezeigt werden.

Auf zu einer mehrwertigen Hermeneutik – Welche Beziehungsräume werden eröffnet (und welche Türen schließen sich)?
Allein mit der lexikalischen Analyse von Wortbedeutungen lässt sich der polyphonen bzw. polykontexturalen Struktur von Texten nicht auf die Spur kommen. Die Analyse der Modi, wie Konjunktiv und Indikativ, der Anordnung von Satzteilen, der Verwendung von Konjunktionen und Satzzeichen reicht nicht dafür aus, das Geflecht aus Stimmen und Standorten zu rekonstruieren. Dies ergibt sich schon daraus, dass es in der Analyse oftmals weniger um die inhaltliche (propositionale) Ebene geht denn um die performative (bzw. illokutionäre) Ebene. Ausdrucksfunktion, Appellfunktion, Darstellungsfunktion sowie die dadurch eingegangenen Sprecher- und Hörerverpflichtungen sind, wie Gévaudan anhand seiner Sprachstudien aufzeigt,[67] nur begrenzt eindeutig identifizierbar, vielmehr bleiben sie oftmals mehrdeutig. Dass sprachliche Ausdrucksformen polyvalent sind, erscheint in unserem Zusammenhang jedoch nicht als Not, sondern als Tugend, denn gerade dies – die Leerstellen und Unbestimmtheiten in ihrer Spezifizierung – lassen die polykontexturale Perspektive (die jedoch davon ausgehen muss, dass die Besetzung dieser Leerstellen nicht beliebig erfolgen kann, sondern konditioniert ablaufen muss) nochmals besonders attraktiv erscheinen. Denn die in unseren Interviewgesprächen auffindbaren Sprachkompositionen sind in ihren Freiheitsgraden notwendigerweise durch das eingeschränkt, was an anderen Stellen geschieht.

---

[67] Gévaudan (2010, S. 44 ff.).

Hiermit landen wir bei einer mehrwertigen Hermeneutik, welche den Blick auf diejenigen Negationsverhältnisse lenkt, welche logische Räume öffnen und schließen, miteinander verbinden oder gegeneinander ausdifferenzieren. So steht uns nun ein differenziertes Instrumentarium dafür zur Verfügung, die Emergenz, Entwicklung, Ausdifferenzierung und Transformation von Selbst- und Weltverhältnissen zu untersuchen. Auf diese Weise kommen die Arrangements der sich wechselseitig stabilisierenden Systemdynamiken in den Blick.

Kommen wir nun – methodologisch etwas vorbereitet – zu den Interviewgesprächen.

6 Ambivalenzen in der Lehrer-Schüler-Beziehung

Jetzt können wir auf die Arrangements der Lehrer-Schüler-Beziehung schauen, wie sie in den verschiedenen Interviews zum Ausdruck kommen. Wir werden dabei zwischen unterschiedlichen Stellungen (von Novizen, fortgeschrittenen Schüler oder Drop-outs) und unterschiedlichen Zeiten (vor und nach dem Bekanntwerden des Skandals) vergleichen. Durch die Nebeneinanderschau ergeben sich Aufschlüsse darüber, wie die einzelnen Akteure in ihren Beziehungen sich zueinander zu Arrangements verschränken. Hierdurch kommen übergreifende Strukturen und Dynamiken der Rigpa-Gemeinschaft in den Blick.

Erinnern wir uns jedoch zunächst an die wichtigsten in den vorherigen Kapiteln geschilderten Ergebnisse:

- Im tibetischen oder tantrischen Buddhismus hat der Lehrer die wohl »zugespitzteste Beziehung«, die in buddhistischen Lehrkontexten anzutreffen ist, denn die fortgeschrittenen Schüler sehen in ihm »einen wirklichen Buddhas.«[68]
- Entsprechend dem Topos der »verrückten Weisheit« (engl. *crazy wisdom*) mögen die Handlungen eines Lama dem gewöhnlichen Menschen manchmal unverständlich oder gar unmoralisch erscheinen, was jedoch nur seine Unwissenheit indiziere, da er das Mitgefühl als eigentliche Motivation hinter diesem Handeln nicht recht verstanden habe.
- Spätestens nach dem offenen Brief seiner Schüler erscheint Sogyal Rinpoche als Verkörperung des Prinzips des tibetischen Lama hochgradig fragwürdig.
- Die Subjektivität der »Du«-Position ist dem »Ich« nicht zugänglich.
- Die Systemik der polykontexturalen Arrangements zeigt auf, wie sich die einzelnen Positionen wechselseitig konditionieren. Je nachdem, welche Werte (bzw. Sichtweisen) an einer bestimmten Stelle angenommen werden, eröffnen sich Freiheitsgrade

---

68 Die Zitate stammen aus: Dagyap Kybgön Rinpoche, »Die Zusammenarbeit zwischen Lehrer und Schüler.« Verfügbar unter: http://buddhistische-sekten.de/lehrer-schueler.html [20.9.2018].

und Einschränkungen in Hinblick auf das, was an einer anderen Position der Fall sein kann.

6.1 Hoffnungen und Zweifel – Frau Klinge, die Novizin

Insbesondere für westliche Schüler, die sich auf den tibetischen Buddhismus einzulassen beginnen, erscheint die herausgehobene Rolle des Lehrers als eine erhebliche Zumutung, die jedoch durch die Hoffnung balanciert wird, von der Macht und Heiligkeit profitieren zu können. Gerade zu Anfang ergibt sich hieraus eine hochgradig ambivalente Beziehung.

Exemplarisch für die zu Beginn in einem solchen Lehrsystem aufscheinenden Reflexionen und Erwartungen hinsichtlich des »verrückten« Lehrers beschreibt uns die Rigpa-Anfängerin Ursula Klinge, wie sie noch darüber nachdenkt, was es mit der *crazy wisdom* auf sich haben könnte. Frau Klinge war zum Zeitpunkt des Interviews 43 Jahre alt. Das Interview wurde im Februar 2014 geführt, also noch bevor der Skandal um Sogyal Rinpoche öffentlich wurde.

Die einfache Sehnsucht eines komplexen Menschen

Die ausgewählte Passage antwortet auf die Frage, ob sie Sogyal Rinpoche bereits als ihren Lehrer bzw. Meister anerkannt habe. Frau Klinge antwortet mit einer Erzählung über die Umstände eines Retreats, bei dem sie und ihr Ehemann zum ersten Mal auf Sogyal Rinpoche trafen:

INTERVIEWER »Ihr Mann hatte gar nichts damit zu tun, oder hatte der auch ein wenig Interesse?«

FRAU KLINGE »Genau, den hatte ich schon überredet, mit zu dem Winter-Retreat von Sogyal Rinpoche zu gehen. Es war halt eine riesige Veranstaltung mit 500 Teilnehmern. Mein Mann ist jetzt schon ein sehr introvertierter Mensch. Also, ich bin jetzt auch nicht so super extrovertiert, aber scheinbar [gemeint ist: anscheinend] doch noch mehr als er. Er war einfach nur überwältigt von der Masse der Menschen. Das war ihm zu viel. Er sagte: ›Ist mir zu viel.‹ Und dann hat mein Mann noch gesagt: ›Na ja, der liefert ja hier eine Show.‹ Ich fand es schwierig für mich, als mein Mann das gesagt hat, weil – für mich ist es keine Show gewesen. Doch trotzdem, manches fand ich auch schwierig zu verstehen, etwa wenn der Sogyal Rinpoche auf der Bühne mit seiner Mutter in Tibet telefoniert hat. Also, ich weiß gar nicht« [lacht].

INTERVIEWER »Was war das?«

FRAU KLINGE »Er hat halt mit seiner Mutter telefoniert und sagte nur ›Ama, ama‹ und redete dann auf Tibetisch. Ich fragte mich: Warum macht er das jetzt hier? Ich verstand das nicht. Und noch weiter, ich weiß ja auch nicht, ob er dann noch zwischendurch seine Belehrung gehalten hat, also, das war jetzt wohl wichtig für die Mutter, die sollte dann jetzt auch zuhören. Aber irgendwie, das hat mich befremdet, muss ich sagen. Es hat mich sehr befremdet. Der Stefan [der Leiter des lokalen Zentrums] ist ja so etwas wie jetzt mein Lehrer, sage ich mal. Der hat ja den Kurs gehalten, den ich besucht habe, und der hat eben gesagt: ›Also, wenn ihr Sogyal Rinpoche folgt, musst ihr euch auch im Klaren darüber sein, das ist ein dynamischer Lehrer.‹ Der hat wohl in Berlin einen Tisch von der Bühne getreten, und das hat er wohl drei Mal gemacht, bis dann das Publikum den aufzufangen hat. Nur so als Beispiel.

INTERVIEWER »Ja.«

FRAU KLINGE »Ich habe es ja nicht erlebt, aber auch das würde mich vielleicht befremden. Also, aber gut, ich habe von Meistern gelesen, die bewerfen ihre Schüler mit Steinen, bis die irgendwie ohnmächtig geworden sind, aber danach haben sie einen weiteren Schritt erlangt, da der Meister mit den Steinen bestimmte Energiezentren getroffen hat. Ich meine, für mich mit meinem westlichen Geist sind manche Sachen auch schwer zu verstehen. Ich würde dann denken, das ist eine Misshandlung. Der gehört angezeigt [lacht]? Ich weiß es jetzt nicht. Ja, wie viel ist Sogyal mein Meister? Also, ich habe Angst, respektlos zu sein, wenn ich sage, er ist nicht mein Meister. Das stimmt so auch nicht. Aber ich habe auch noch Angst zu sagen, er ist mein Meister, und damit auch nach außen zu gehen.«

Nehmen wir uns ein wenig Zeit für die Analyse und schauen auf die in der Erzählung auftauchenden Stimmen. Hier erscheint zunächst die unmittelbare Rede von Frau Klinge und des Interviewers. Darüber hinaus zeigen sich in der Rede von Frau Klinge vier eingebettete Stimmen: die Rede des Ehemannes (»Ist mir zu viel«; »Na ja, der liefert ja hier eine Show«); Sogyals Telefonat (»Ama, ama«); die Erläuterung von Stefan, dem Lehrer aus dem lokalen Rigpa-Zentrum (»Also, wenn ihr Sogyal Rinpoche folgt ...«). Darüber hinaus zitiert die Sprecherin sich an verschiedener Stelle selbst in wörtlicher Rede (z. B. »Ich fragte mich: Warum macht er das jetzt hier?«, »Das hat mich befremdet, muss ich sagen«).

Die bereits durch die Verteilung der Stimmen zutage tretende Komplexität des Textes wird darüber hinaus noch durch die zusätzlich eingebetteten Positionen gesteigert. Hier erscheinen folgende Akteure:

die 500 Teilnehmer des Retreats; die Mutter von Sogyal; Sogyal und seine Schüler in einem Retreat in Berlin; die Meister und die von ihnen mit Steinen beworfenen Schüler, von denen die Sprecherin gelesen hat. Darüber hinaus erscheint die »Ich«-Position der Sprecherin ihrerseits nochmals gedoppelt, sodass sie auf verschiedenen Zeitebenen der Erzählung sowohl als Subjekt wie auch als Objekt des Erzählzusammenhangs erscheint.

Außerdem lassen sich noch drei generalisierte gesellschaftliche Standorte identifizieren: das Recht (»[...] das ist eine Misshandlung. Der gehört angezeigt?«), eine wissenschaftlich aufgeklärte Haltung (»mit meinem westlichen Geist«) und die Transzendenz. Der zuletzt benannte Standort mag für den Leser zunächst nicht unmittelbar erkennbar sein, ergibt sich jedoch aus dem Gesamtzusammenhang des Textes. Gemeint ist die Transzendenz, die ein Schüler vermeintlich durch das transgressive Verhalten eines Lehrers erreichen kann (»[...] aber danach haben sie einen weiteren Schritt erlangt«). Hier wird also auf das spirituelle Ziel verwiesen, das Menschen dazu motiviert, sich auf solch einen Schulungsweg einzulassen.

In einem weiteren Analyseschritt können wir nun auf die Einstellungen der Sprecherin schauen, also untersuchen, was für sie objektiv und was für sie subjektiv erscheint sowie welcher epistemische Status den jeweiligen Sprechakten zugewiesen wird und wie sie gegebenenfalls von ihr bewertet werden. Das merkwürdige Verhalten Sogyals während der erwähnten Veranstaltungen erscheint als objektive Tatsache, wobei das Berliner Event in Hinblick auf den epistemischen Status (also die Gewissheit des Sachverhaltes) durch das Wort »wohl« leicht eingeschränkt wird, ohne dass damit jedoch die Aussage angezweifelt würde. Ebenso erscheint die Aussage des Mannes innerhalb der direkten Rede als ein objektiver Sachverhalt (»[...] der liefert ja hier eine Show«), wobei die Erzählerin interessanterweise aus ihrer subjektiven Perspektive markiert, dass es für sie »keine Show« ist. Die Erzählerin bewertet nun in der Folge das Auftreten der Perspektivendivergenz als schwierig (»Ich fand es schwierig für mich«). Doch zugleich wird deutlich, dass sie trotz ihrer subjektiven Festlegung, dass es sich bei dem von Sogyal gezeigten Verhalten um keine Schau handele, sich nicht darüber im Klaren ist, worum es sich dabei handelte. Der epistemische Status wird von ihr in recht eindeutiger Weise als unklar markiert (»Also, ich weiß gar nicht«). Dieses Nichtwissen erscheint für sie jedoch nicht als ein entspanntes, sondern als etwas Befremdliches.

Die reflexive Form »mich befremdet« weist darauf hin, dass das mit dieser Situation verbundene Weltverhältnis (ihre Wahrnehmung und Deutung des Verhaltens von Sogyal) mit ihrem Selbstverhältnis (der Befremdung) zu einer problematischen bzw. zumindest spannungsreichen Lebensform findet.

Ihre Aussage »[...] das hat mich befremdet, muss ich sagen« drückt nicht nur einen negativen Zustand aus, sondern pointiert ebenfalls als performativer Sprechakt nochmals das Gesagte, wobei das Wort »muss« sowohl im Sinne einer Selbstfestlegung (etwa im Sinne von »Ich bin es mir schuldig, es zu sagen«) als auch im Sinne einer Appellfunktion (etwa um dem Hörer anzudeuten, dass da etwas nicht in Ordnung ist) verstanden werden könnte.

In der Erzählung wird des Weiteren die Vermittlung durch Stefan, einen Kursleiter aus dem lokalen Rigpa-Zentrum, erwähnt. Frau Klinge erklärt, dass sie Stefan gewissermaßen als ihren Lehrer betrachtet (sie besucht bei ihm schon seit einiger Zeit einen Kurs über Meditation, von dem sie, wie an anderer Stelle im Interview formuliert, sehr viel profitiert hat). Ihre Aussage: »Stefan ist ja so etwas wie jetzt mein Lehrer, sage ich mal« schließt zudem mit einem performativen Sprechakt, der das Gesprochene (sie spricht ja bereits) nochmals als Gesagtes hervorhebt. Hiermit legt sich die Sprecherin gewissermaßen in besonderer Weise auf die Bestimmung einer Beziehung fest.

Man könnte sagen: Sie gesteht einerseits Sogyal den epistemischen Status »nicht mein Meister« zu, weist das aber sogleich zurück aus Angst, respektlos (aus Sicht anderer) zu wirken. Die Stimme der anderen moderiert hier den epistemischen Status. Oder, um es im Vergleich zu formulieren: Während sie Letzteren nicht eindeutig als ihren Meister sehen kann, erscheint es von der Interaktionsgeschichte her gesehen nicht nur möglich, sondern auch natürlich, Stefan als ihren Lehrer zu sehen. Was immer das auch bedeuten mag (etwa als wie weise und wissend sie ihn einschätzen mag), die Beziehung erscheint für sie hiermit nicht fraglich (vielleicht auch, weil »Meister« einen exklusiveren Status darstellt als »Lehrer«, zudem ist man aus anderen Kontexten gewohnt, jemanden als »Lehrer« zu bezeichnen).

Die Deutung des Kursleiters, dass es sich bei dem von Sogyal gezeigten Verhalten um eine Belehrung handele (»das ist ein dynamischer Lehrer«), webt sich in der Folge als weitere Stimme und Position in die Erzählung ein. Dies führt jedoch nicht zur Beruhigung, sondern im Gegenteil zur weiteren Beunruhigung. In Erinnerung an die in einschlägigen buddhistischen Quellen überlieferten dramatischen

Lehrmethoden werden vielmehr gängige Positionen der aufgeklärten demokratischen Gesellschaft aufgerufen, entsprechend deren esoterische Erklärungen anzuzweifeln und körperliche Übergriffe als strafbare Handlungen zu verstehen sind. Doch wiederum mündet der Text nicht in der Sicherheit einer Bewertung im Hinblick auf das, was der Fall ist, sondern landet erneut bei der Markierung des ungewissen epistemischen Status der eigenen Position (»Ich weiß es jetzt nicht«).

Hier führt das Nichtwissen in eine problematische Ambivalenz – wie auch zu ihrem abschließenden Versuch, die Frage zu evaluieren, ob sie Sogyal als ihren Meister ansehe. Sie kommt aber auch hier nicht zu einem eindeutigen Schluss, sondern es zeigt sich ein polyphones Gewebe, in dem vier Positionen mit divergierenden Perspektiven zum Ausdruck kommen. Von einer Position wird die Frage bejaht, von einer anderen verneint, von einer dritten die Verneinung als »respektlos« beurteilt, von einer vierten – der generalisierten dritten der Gesellschaft (»nach außen zu gehen«) – aus erscheint die Bejahung erneut problematisch.

Unterm Strich weist sie den Status von Sogyal als Meister gleichzeitig zurück, aber auch nicht zurück – und bringt das sprachlich in einer sehr raffinierten Form zum Ausdruck.

Die Leerstellengrammatik – Pendeln zwischen Hoffnung und Angst vor Manipulation

Will man das Gesamtgefüge verstehen, bedarf es nun einer Konkturanalyse, die im Sinne der Leerstellengrammatik ein Arrangement beschreibt und aufzeigt, wie sich die Besetzung der Stellen wechselseitig konditioniert. Eine Stelle steht dabei, um es zu wiederholen, für eine Kontextur, die jeweils einen logischen Ort repräsentiert, an dem ein zweiwertiges Reflexionsverhältnis existiert (etwas ist oder ist nicht) und an dem der Satz des ausgeschlossenen Dritten *(tertium non datur)* gilt. In diesem Sinne lassen sich in dem Text fünf Propositionen und ihre Negationen feststellen:

1. Es ist (k)eine Show.
2. Sogyal lehrt (nicht).
3. Es ist (k)eine Misshandlung bzw. (k)eine Täuschung.
4. Er ist (nicht) mein Meister.
5. Es ist subjektiv, nicht objektiv (und *vice versa*).

Da die Propositionen entsprechend der Leerstellengrammatik eines polykontexturalen Arrangements unterschiedliche logische Orte besetzen, erscheinen formal zunächst beliebige Kombinationen denkbar, beispielsweise: »Sogyal misshandelt objektiv seine Schüler; er ist dennoch mein Meister, und seine Auftritte sind aus meiner subjektiven Perspektive keine Show, sondern eine Belehrung.« Oder: »Für mich ist er kein Meister und lehrt mich entsprechend auch nicht, aber aus einer objektiven Perspektive ist er ein Lehrer des tibetischen Buddhismus.«

Empirisch lässt sich hier jedoch eine Konditionierung des übergreifenden sozialen Arrangements feststellen, welche Frau Klinge nur zwischen zwei einander ausschließenden Varianten wählen bzw. oszillieren lässt: »Sogyal ist ein Schauspieler, der seine Schüler täuscht und misshandelt« vs. »Sogyal ist ein außergewöhnlicher Lehrer, der seine Schüler – und damit auch mich – mit ungewöhnlichen Mitteln zur Transzendenz des eigenen Egos führen kann«. Das Pendeln zwischen diesen beiden Alternativen – der Angst vor der Manipulation und der Hoffnung auf Transzendenz durch die geschickte Intervention des Lehrers – zieht sich durch den gesamten Interviewtext. Hier ein weiteres Beispiel zur Illustration:

> FRAU KLINGE »Das ist ja vielleicht nur ein Problem unseres westlichen Geistes, weil wir es noch nicht begriffen haben. Angeblich arbeitet er ja mit unserem Ego, dass er eben dazu unser Ego auch kitzeln muss, damit wir unsere Themen angucken. Aber natürlich habe ich dann auch Angst vor Manipulation, so wie wenn ich jetzt völlig aufhören würde zu denken und blind hinterherlaufe. Andererseits sagt Sogyal Rinpoche: Arbeite auch mit deinen Zweifeln, oder gucke dir deine Zweifel an. Wir sind hier im Westen Meister im Zweifeln, sagt er, und wir zweifeln so viel, dass wir niemals den wahren Pfad überhaupt erkennen können, da wir nur am Hinterfragen, Grübeln und Zweifeln sind – in meinen Worten jetzt gesprochen.«

Die Frage, warum nur diese beiden Alternativen vorkommen, lässt sich anhand des Interviewmaterials leicht beantworten: Die möglichen Alternativen werden einerseits dadurch eingeschränkt, dass signifikante andere aus der Gemeinschaft von Rigpa, zu denen Frau Klinge bereits eine Beziehung aufgebaut hat, den Wert von Sogyal Rinpoche bezeugen. Weil die »Du«-Perspektive des Meisters aus der Perspektive der eigenen Subjektivität unzugänglich ist, ist diese Bestätigung nur auf der Basis eines performativen Sprechaktes möglich (»Ich habe erfahren, dass Sogyal Rinpoche ein erleuchteter, außergewöhnlicher Meister ist«).

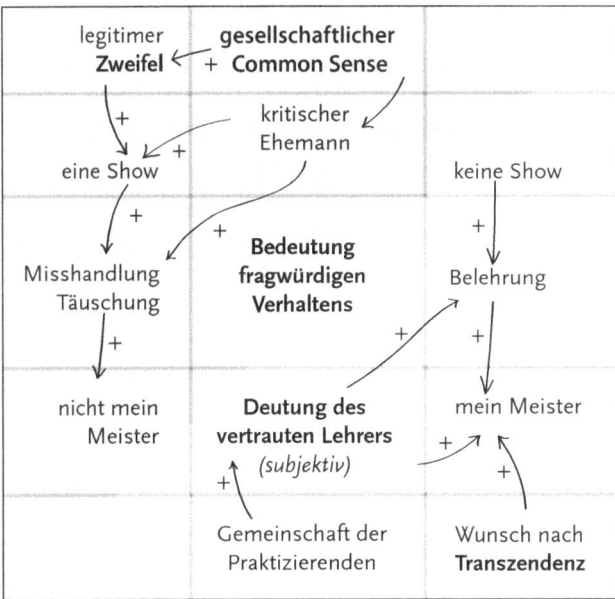

Abb. 1: Ambivalenz: Es wird die Leerstellengrammatik deutlich – also die Felder, welche die Ausdeutung des fragwürdigen Verhaltens des Lehrers konditionieren. In der Mitte steht das Verhalten. Es finden sich zwei alternative Deutungen, die ihren Protagonisten in zwei signifikanten anderen haben: dem Ehemann, der die kritische Seite vertritt, und dem vertrauten Lehrer des lokalen Rigpa-Zentrums. Ob fragwürdige Verhaltensweisen des Meisters als Belehrung, als Show oder gar als Missbrauch erscheinen, wird darüber hinaus durch weitere Pole konditioniert: den gesellschaftlichen Common Sense (hier stellt die demokratisch-rechtlich verfasste Kultur den Interpretationsrahmen) und die Gemeinschaft der Praktizierenden (denen die Deutungsschemata des tibetischen Buddhismus vertraut sind). Gegenüber dem auch aus der Sicht der Praktizierenden legitimen Zweifel erscheint auf der anderen Seite ihr Wunsch nach Transzendenz. Es zeigt sich keine eindeutige Lösung, wie sich Zweifel und spirituelle Bedürfnisse in ein stabiles Arrangement bringen lassen. Die beiden Seiten sind unverbunden, und entsprechend ist nur die Oszillation zwischen den Polen möglich.

Wenngleich also Stefan, wie auch andere Mitglieder Rigpas, nur darauf hinweist (also nicht beweisen kann), dass Sogyal ein wirklicher Meister ist, wird dies im sozialen Arrangement *nolens volens* instruktiv. Denn Stefans performativen Sprechakt zu negieren würde zugleich bedeuten, die Beziehung zu ihm infrage zu stellen (und damit auch die Gemeinschaft der Praktizierenden). Die hiermit verbundene Beziehungsdynamik legt es entsprechend nahe, das mit dem Sprechakt Vermittelte zu glauben, selbst wenn man es (zunächst) nicht unbedingt glauben kann.

Von anderer Seite ergeben sich Einschränkungen durch die Reflexionsorte, welche die moderne Gesellschaft aufgebaut hat (z. B. Recht, Wissenschaft, Demokratie). Von dort aus dürfen Aussagen mit Absolutheitsanspruch aus guten Gründen angezweifelt werden. Autoritäten wird hier entsprechend nicht mehr nur deshalb geglaubt, weil andere Autoritäten sie bezeugen.

Da für Frau Klinge sowohl die Erfahrung von Gemeinschaft als auch die Teilhabe an der Gesellschaft unhintergehbar sind, scheint das Dilemma für sie unauflösbar. Ihr Zweifel lässt sich deshalb nicht so ohne Weiteres in Vertrauen oder Gewissheit überführen.

Wird dies aber möglich, wenn die Schüler Sogyal Rinpoche über die Jahre hinweg näher kennengelernt haben?

6.2 Den Zweifel beiseiteschieben – Herr Martini, Kursleiter im lokalen Rigpa-Zentrum

Schauen wir nun auf die Erzählung eines Interviewpartners, der Sogyal im Kontext der Vereinsarbeit in verschiedenen, auch informellen Kontexten persönlich kennengelernt hat und seinerseits Kurse in Meditation in einem westdeutschen Rigpa-Zentrum anleitet.

Peter Martini, zum Zeitpunkt des Interviews 48 Jahre alt, ist seit mehr als zehn Jahren in der Vereinsarbeit engagiert. Das Gespräch wurde 2016, also ebenfalls noch vor der Offenlegung des Skandals, geführt. Dennoch spricht er spontan und ungefragt im Interview die bereits gelegentlich zu vernehmende Kritik gegenüber Sogyal an:

> HERR MARTINI »Also, wenn man so sieht oder so, dann gibt's ja ganz viel, äh, Sachen, wo die sagen: ›Ja, der macht da seine eigenen Sachen, oder der lebt im Luxus, oder der hat halt irgendwie Frauengeschichten oder so was.‹ Aber ich will solche Sachen nicht nachprüfen [...], natürlich

versuche ich, reden wir darüber, wenn solche Sachen sind. Dann wird darüber geredet, dann wird darüber gesprochen: Wie siehst du das? Was war da? Was ist das für ein Zeitungsartikel? Hast du das gesehen? Ich aber versuche, mir die Sachen nicht anzugucken, weil – keine Lust, so 'ne Zweifel zu haben. Und [...] wenn es irgendwie Ungerechtigkeiten oder Ungereimtheiten gibt, die andere Leute da sehen oder erfahren, dann muss ich sagen, okay, das ist gerade euer Ding dabei. Es ist natürlich schwierig, weil – man wird sich, weil man nicht dieses Objektive nehmen kann.«

Herr Martini verweist hier zunächst auf kritische Berichte zu Sogyals Verhalten. Die Existenz der Berichte wird zwar innerhalb der Gemeinschaft von Rigpa (»wir«) zur Kenntnis genommen, zudem wird die Sicht abgeglichen (»Wie siehst du das?«). Doch Herr Martini bemüht sich aktiv (»Ich aber versuche«), den Vorwürfen nicht näher nachzugehen, damit die potenziellen Zweifel nicht zu sehr die Beziehung zu seinem Lehrer formatieren (»keine Lust, so 'ne Zweifel zu haben«). Die kritisierten Sachverhalte werden zwar nicht abgestritten, die persönliche Relevanz hingegen wird negiert. Zudem wird die Relevanz all der »Du«-Perspektiven negiert, welche mit Sogyal Probleme haben (»das ist gerade euer Ding«). Doch die aktive Negation des Zweifels und abweichender »Du«-Positionen hebt nicht das negierte Problem auf (»natürlich schwierig [...], weil man nicht dieses Objektive nehmen kann«). Ein Keim des Zweifels bleibt bestehen. Dennoch ermöglicht die Zurückweisung der Relevanz der Vorwürfe die Beibehaltung der besonderen Perspektive, welche die Beziehung zwischen Schüler und Lama im tibetischen Buddhismus auszeichnet.

Analogien und Verwechslungen – Eine Beziehung oder ein Rollenverhältnis?

Worin das benannte Verhältnis besteht bzw. auf welche Weise es sich charakterisieren lässt, versucht Herr Martini mit den folgenden Worten zu verdeutlichen:

HERR MARTINI »Sogyal Rinpoche ist für mich eigentlich fast außerhalb der Wertungen, weil – es ist so, das ist [seufzt], ja, es ist für mich nicht erfassbar. Ich weiß auch, dass ich manche Sachen wirklich denke, so wie: ›Wie kann nur? Warum? Das ist nicht meine Art.‹ Bei jedem anderen Menschen würde ich sagen: ›Das geht doch nicht.‹ Aber das ist für mich auch eine Art der Prüfung, so wie wenn man bei dem eigenen Partner, dem man Sachen durchgehen lässt, die man bei anderen Leuten nicht durchgehen lässt, weil man weiß, das ist jetzt ein Prozess, durch den man geht.«

Für Herrn Martini scheint die Beziehung zu einem Partner, wie man sie aus Liebesbeziehungen kennt, zunächst als die treffende Analogie, um das Verhältnis zu Sogyal zu beschreiben. Auch zu dem geliebten Partner würde man selbst dann stehen, wenn er etwas Schlimmes angestellt hätte. So wie man in der Liebe die Eigenarten und Schwächen des anderen, ja sogar seine Aggressionen einem selbst gegenüber verzeihen mag, denn es geht ja um den höheren Wert der Aufrechterhaltung der Liebe und der Partnerschaft, so erscheint jetzt auch die Beziehung zum Lehrer als ein Prozess, der jenseits konventioneller Wertungen steht. Es geht also nicht um Wahrheit oder Moral, sondern um die (zukünftige) Beziehung. Doch diese Kontextur scheint für den Erzähler nicht zu hundert Prozent stabil, also nicht in reiner Selbstgewissheit aufzugehen, wie durch die einschränkende Floskel »eigentlich fast« ausgedrückt wird. Wäre der Vorgang gänzlich außerhalb der Wertungen, würde er ihn möglicherweise auch gar nicht erst ansprechen. Es gäbe nichts, was virulent wäre. Demgegenüber findet sich hier die Formulierung: »Ich weiß auch, dass ich manche Sachen wirklich denke.« Auch dies zeugt wieder davon, dass es aktiver Bemühungen bedarf, die Stimme des gesellschaftlichen Common Sense zu unterdrücken. Die Partneranalogie holt dann diese Dynamik des Widerspruches in einer auch im gesellschaftlichen Common Sense nachvollziehbaren Weise ein.

Dass die Analogie zur Liebesbeziehung für Herrn Martini nicht vollkommen stimmig ist, um sein Verhältnis zu Sogyal auszudrücken, wird auch in der folgenden Interviewsequenz deutlich:

HERR MARTINI »Ich hab keine Ahnung, wie man das beschreiben soll. Es fällt mir manchmal total schwer, das alles auf den Punkt zu bringen und die Sache irgendwie fast zu akzeptieren. Aber ich habe trotzdem Vertrauen in dieser Beziehung, weil er auch immer wieder betont und sagt: ›Nicht ich bin das Wichtige, sondern das Dharma und das, was damit übertragen wird. Und ihr seid diejenigen, die das nehmen werden, die es halten werden.‹ Und dieses zu bekommen, um es dann weiterzugeben, es ist an sich schon eine selbstlose Art. Und das nimmt natürlich so ein bisschen dieses, nimmt halt völlig dieses Selbstzentrierte« [lacht kurz].

INTERVIEWER »Das Selbstzentrierte jetzt von einem selber oder von ihm?«

HERR MARTINI »Von ihm und von einem selber. Okay, weil – das kann ja leicht, es gibt ja auch ganz viel Kritik an ihm.«

Die Liebe müsste ja, wie etwa der Systemtheoretiker Peter Fuchs aufzeigt, *per definitionem* die ganze Person einschließen,[69] was in diesem Falle hieße, Sogyal als eigenartigen, in seinem Verhalten durchaus fragwürdigen Tibeter bedingungslos annehmen zu können. Genau dies erscheint jedoch in der Erzählung von Herrn Martini keineswegs unproblematisch. Denn sonst wäre es ja möglich zu sagen, dass man den Lama eben auch dann liebe, wenn er von anderen als genusssüchtig, sexsüchtig oder anderweitig negativ bezeichnet würde.

Herrn Martini gelingt es demgegenüber auf eine andere Weise, Sogyal in der Position des authentischen Meisters zu behalten.

Die Lösung, welche dies für ihn möglich macht, ist die Spaltung zwischen Sogyal als Menschen und Sogyal als Lehrer, womit nun das, was gelehrt wird, außerhalb der zu liebenden »Du«-Subjektivität des Lehrers gesetzt wird. Wenn schon keine Sicherheit darüber zu gewinnen ist, ob das Verhalten von Sogyal heilig oder einem weisen tibetischen Lama angemessen ist, so bleibt das Faktum, dass Sogyal den Dharma lehrt und dass die Schüler diese Lehren ihrerseits weitergeben. Das Vertrauen in diese Beziehung gründet entsprechend weniger in der Qualität dieser Beziehung selbst – hier bestehen weiterhin Zweifel –, sondern in der Verkündigung der buddhistischen Lehren.

Diese Lehren erscheinen einerseits als objektivierbare Texte (so lässt sich feststellen, dass Sogyal hier auf traditionelle, kanonische Quellen rekurriert), die – so die implizite Setzung – eine transzendente Wahrheit verkünden, andererseits in der intersubjektiv teilbaren zwischenmenschlichen Erfahrung, dass die Lehren sowohl empfangen als auch an andere weitergegeben werden können. Die Selbstlosigkeit des Lehrers reduziert sich damit aber nur auf seine Teilhabe an einer religiösen Verkündigung. So wie sich beispielsweise über einen Nobelpreisträger der Physik sagen lässt, es komme ja darauf an, was er in Hinblick auf Physik gesagt und geleistet hat, und nicht darauf, wie er mit seiner Frau oder seinen Studenten umgegangen ist, wird auch hier die Selbst- und Weltbeziehung des spirituellen Meisters einfach ausgeblendet zu dem Zweck, eine Immunisierung gegenüber Kritik zu erreichen. Das Selbstzentrierte aufzugeben heißt entsprechend in

---

69 Siehe etwa Fuchs (1999).

diesem Arrangement, eine Rolle zu spielen und so zu tun, als ob andere Wahrnehmungen, Sichtweisen – ja, irritierende und verstörende »Du«-Perspektiven – nicht existierten.

Hiermit offenbart sich zugleich ein gebrochenes Verhältnis zu der *crazy wisdom* des Lama. Im Gegensatz zum Physiker ist in der buddhistischen Schulung die Absehung vom Selbst aktiver und bewusster Teil der Praxis. Es geht ja hier gerade darum, die eigene Egozentrik zu überwinden, und erst hierdurch wird ja der Einsatz unkonventioneller Mittel legitimiert. *Crazy wisdom* beinhaltet ja, dass man mit Ereignissen arbeitet, die den gesellschaftlichen Maßstäben widersprechen, um dem Schüler zu helfen, seine Egozentrik zu überwinden. Anders als beim Physiker ist das Ganze also nicht nur etwas, worüber man hinwegsehen muss, sondern essenzieller Teil der buddhistischen Belehrung. Zu fragen ist, ob hier bei Herrn Martini genau die Grenze berührt wird, an der sich die Frage stellt, ob das nun immer noch legitimer Teil der Lehre ist, also noch durch die didaktische Konzeption von *crazy wisdom* abgedeckt ist. Alleine ein Verhalten wie zum Beispiel das Umwerfen von Tischen (wovon Frau Klinge berichtet) hätte ihn sicher nicht dazu veranlasst, Zweifel zu haben bzw. diese Zweifel im Interview zu äußern. Die eigentliche Frage lautet hier also eher: Wie lange kann ich noch darüber hinwegschauen? Und wenn ich das nicht mehr kann: Bin ich dann ein schlechter Schüler, oder ist Sogyal ein verwerflicher Meister?

Das Paradoxon von des Kaisers neuen Kleidern

Indem das Selbst jedoch in einer Weise weggekürzt wird, dass es für die Konditionierung des Arrangements bedeutungslos wird – und zwar sowohl das subjektive Unbehagen des Schülers (»das Selbstzentrierte« von »einem selbst«) als auch das subjektive Unbehagen, das beim Meister ausgelöst wird (»[...] es gibt ja auch ganz viel Kritik an ihm«) –, kann sich Rigpa als ein religiöses System gegen jegliche Kritik immunisieren. Der, der die Lehren verkündigt und verbreitet, handelt *per definitionem* selbstlos und damit heilig. Hiermit landen wir bei der zweiwertigen religiösen Kontextur, welche durch das Begriffspaar »transzendent/immanent« aufgespannt wird und als Monokontextur ihrerseits keinen dritten Wert erlaubt. Da es ja um das Transzendente geht, von der die tibetischen Lehren verkünden (und das außerhalb der Ich-Perspektive liegt und entsprechend nicht von dort aus evaluierbar ist), erscheint das, was immanent wahrgenommen wird (etwa ein befremdliches Verhalten des Meisters oder der eigene Zweifel), unbedeutend und ist entsprechend zu negieren. Es bleibt allein die Form der Religion. Sobald die Form stabil gehalten wird, mag zwar sehr wohl auch im eigenen Kreise über die von unterschiedlicher Seite geäußerte Kritik geredet werden, aber ebenso wird man darauf verweisen, dass ein spiritueller Meister dieser Tradition auf Anschuldigungen nicht antworten könne, da seine Rolle es von ihm verlange, sich nicht im Spiel der weltlichen Auseinandersetzungen zu verfangen. Dies würde zudem seinen per Rollenzuschreibung gegebenen Status als Bodhisattwa (im tibetischen Buddhismus: ein Mensch, dessen Handeln nicht durch Eigensucht, sondern nur durch Mitgefühl für andere Wesen geprägt ist) korrumpieren.

Doch selbst Herrn Martini als langjährigem und längst in die Gemeinschaft von Rigpa integriertem Schüler gelingt es nur, »die Sache irgendwie fast zu akzeptieren«. Auch sein Arrangement zeichnet sich durch ein gebrochenes Verhältnis zu seinem Meister aus. Der Grund hierfür liegt darin, dass er die mit einer Partnerschaft analog gesetzte Beziehung zum Meister mit dem von ihm verkörperten religiösen System verwechselt. In Bezug auf Erstere könnte er ohne Probleme (wie etwa eine Frau zu ihrem geliebten Manne) sagen: »Er ist ein Mensch, der Fehler macht und viele Menschen verletzt hat, aber ich liebe ihn und stehe zu ihm als meinem Mann, egal, was er getan hat.« Genau dies ist jedoch im Rahmen der Religion des tibetischen Buddhismus, die alle anderen Stellen des Arrangements konditioniert, nicht möglich. In Referenz auf den Lama der eigenen Schule ist nicht sagbar (und kaum denkbar), dass das System der wiedergeborenen Tulkus Menschen hervorbringt, die bei genauerem Hinsehen keineswegs so heilig sind (möglicherweise gar der Wollust und anderen Süchten ausgeliefert sind).

Somit kann es Herrn Martini freilich auch nicht gelingen, den Samaya-Vorschriften des tantrischen Buddhismus wirklich nachzukommen. Hier gelobt der Schüler ja, wie bereits in dem einführenden Kapitel zum tibetischen Buddhismus geschildert, niemals die Liebe und das Mitgefühl zu den Lebewesen aufzugeben und dies am Beispiel des eigenen Lehrers zu üben. Sogyal vollständig lieben und Mitgefühl in Hinblick auf seine Probleme entwickeln zu können würde jedoch heißen, bereit zu sein, ihn auch als Menschen mit all seinen Schwächen zu sehen und anzunehmen.

Das sich aus der Position von Herrn Martini ausdrückende Arrangement zeichnet sich jedoch durch eine andere Wendung aus: Je mehr Zweifel an der Unfehlbarkeit des Lehrers aufscheinen, desto mehr müssen sie aktiv beiseitegeschoben werden. Leichte Schwächen machen den Lehrer liebenswert. Schwerwiegende Schwächen zu sehen würde jedoch die Heiligkeit der Position, an die man glauben möchte, korrumpieren. Diese Figur ließe sich im Anklang an das bekannte Märchen von Hans Christian Andersen als das »Paradoxon von des Lama neuen Kleidern« bezeichnen. Je sichtbarer zu werden scheint, dass der Lama ein Mensch mit offensichtlichen Schwächen ist, desto mehr muss der Schüler an sich selbst daran arbeiten, dass er nichts sieht.

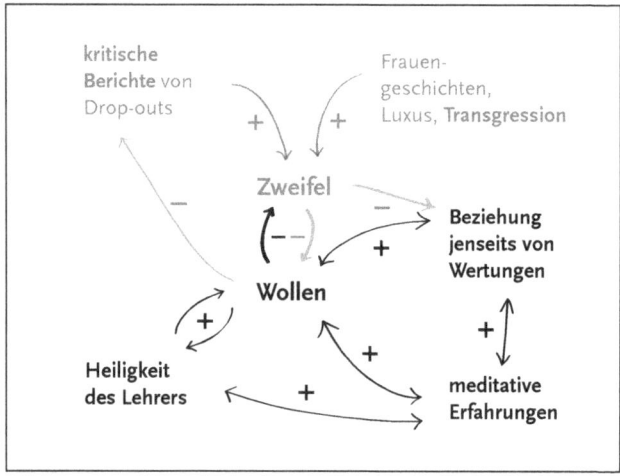

Abb. 2: Kritik ausblenden: Auf der unteren Hälfte zeigt sich ein sich selbst bestätigendes Netzwerk aus vier Positionen: Die meditativen Erfahrungen, die Heiligkeit des Lehrers und die Bereitschaft, die Beziehung zu ihm jenseits kritischer Wertungen zu betrachten, bestärken sich wechselseitig. Hierdurch entsteht ein Wollen, das diese Konstellation weiter aufrechterhält und entsprechend nichts von Argumenten und Berichten wissen will, welche den Zweifel nähren. – Wir verwenden hier den Begriff »Wollen« im Gegensatz zu dem Begriff »Hingabe« oder »Vertrauen«, um deutlich zu machen, dass die Abwehr bzw. Unterdrückung des Zweifels einen aktiven, bewusst intendierten Prozess voraussetzt.

> **Verwechslung von spiritueller Begleitung mit Liebesbeziehungen**
> Ein guter (spiritueller) Lehrer wird seine Handlungen am Erleben des Schülers ansetzen. Ebenso wird er teilweise therapeutisch agieren, also Mitfreude und Mitgefühl gegenüber den Erfahrungen der Schüler zeigen. Die hiermit entstehende Form der Kommunikation ähnelt der Kommunikationsstruktur in Liebesbeziehungen: Auch hier orientiert sich das Handeln des einen Partners am Erleben des jeweils anderen, wodurch eine besondere Intimität entsteht.[70] Man wird verstanden und als ganzer Mensch angenommen, weshalb die Beziehung als besonders wertvoll und intensiv erlebt wird. Es verwundert deshalb kaum, dass in gelungenen pädagogischen und therapeutischen Beziehungen oftmals Gefühle der Verliebtheit auftauchen, mit denen dann auch die Therapeuten, Pädagogen oder in unserem Falle die spirituellen Lehrer leicht in Resonanz gehen können. Die besondere Qualität der Beziehung legt die Verwechslung der Kontexte nahe, und gerade deshalb kommt es hier oftmals zu Verwirrungen, die dann selbstredend auch von Menschen ausgenutzt werden können.[71]

6.3 Das Kippen des Arrangements – Herrn Klemmers Ausstieg

Was passiert aber, wenn die Perspektiven sich ändern und der Schüler auf einmal sieht, was er die ganze Zeit nicht sehen wollte?

Schauen wir hierzu auf das Interviewgespräch mit Paul und Irmhild Klemmer. Für sie kam es im Jahre 2012 im Anschluss an eigene Recherchen zu den schon länger bekannten Missbrauchsvorwürfen gegenüber Sogyal Rinpoche zum Bruch und schließlich auch zum Ausstieg aus Rigpa. Herr Klemmer kann auf eine mehr als 15-jährige Praxis bei Rigpa zurückblicken, hat zahlreiche Retreats mit Sogyal besucht und zudem auch das siebenjährige Home-Retreat absolviert, das in Bezug auf die Lehrinhalte dem ebenfalls von Rigpa angebotenen Drei-Jahres-Retreat entspricht. In einer längeren Erzählung schildert Herr Klemmer die Umstände der Verwerfung:

> HERR KLEMMER »Den Bruch kann ich ganz klar sagen. Das kann ich ganz klar sagen. Mir war immer schon klar, ich schätze, 1999 habe ich

---

70 Siehe zu den systemischen Varianten, wie Erleben und Handeln in kommunikativen Rollenbeziehungen kombiniert werden können, Luhmann (1998, S. 336 ff.).
71 Siehe hierzu auch Peter Rutter (2002) mit einem Nachwort der buddhistischen Meditationslehrerin Silvia Wetzel.

das erste Mal davon gehört, dass Rinpoche einen ganz großen Prozess am Haken hatte, wo er in Amerika von einer Frau verklagt worden ist. [...] Ich habe auch mit Menschen gesprochen, die mir erklärt haben, dass wir das im Westen gar nicht richtig verstehen können. Und mir wurde dieser sogenannte erste Skandal eben so erklärt, dass wir Westler einfach den Sinn seiner Handlungen nicht verstehen. Ich habe dann später selber erlebt, dass Rinpoche, wenn er den Segen gibt, einen auch mal oben auf den Kopf schlägt. Er gibt den Segen so, wie das gerade angesagt ist, eben so, wie es jemand braucht. Und das fand ich lustig. Ich habe dann auch gesagt: Ja klar, ihr Idioten. Da denkt doch die blöde Kuh in Amerika [die Klägerin] wahrscheinlich, das wäre ›geschlagen‹ gewesen, dabei hat er ihr nur den Segen gegeben. [...] Dann habe ich das aber für mich zu den Akten gelegt. Dann tauchten immer wieder Gerüchte auf, dass er einfach auf junge Damen steht, junge Mädchen, und dass er die um sich schart. Ich habe das auch während der Retreats immer gesehen, immer diese attraktiven jungen Damen. Man spricht ja so von seinem innerem Zirkel oder von seinem Harem, den er da hat. Ich kannte auch einige von flüchtigen Begegnungen oder dass ich mal jemanden gefahren habe. Ich habe mir da immer gesagt: Das ist mein Meister, und ich gönne dem das alles. Ich bin so froh mit ihm. An dem Thema kann ich wieder üben. Bestimmt hätte ich auch gerne so viele junge, hübsche Frauen um mich und würde mir sonst noch was wünschen. Das war mein Weg, damit umzugehen, zu sagen: meinem Meister nur das Beste.

Und dann kam das Thema auf. Gut, es kursierte schon immer mal zwischen Schülern. Also, es kann nicht nur verleugnet werden. Auch wenn man offiziell versucht hat, nicht darüber zu reden – es gibt da bestimmte Mechanismen. Und bei den Rigpa-Leuten, mit denen man wirklich befreundet war, war es dennoch im Gespräch. Mit denen konnte man ja auch anders reden, und da war es immer mal Thema. Da tauchte das immer wieder mal auf, und dann wurde auch ich so ein bisschen skeptisch.

Und dann fragte mich jemand: ›Hast du denn noch nicht diese Dokumentation gesehen?‹ Wie hieß der Film denn noch mal? *In the Name of Enlightenment*. Und als ich den gesehen habe und plötzlich merkte, was hinter dem Vorhang bereits alles diskutiert wird, was da passiert ist. Diese junge Französin hat in dieser Dokumentation ganz klar gesagt, was ihr widerfahren ist und was das für sie bedeutet hat. Das war ein Schock für mich. Ich konnte mir das nicht mehr schönreden. Das hat nicht mehr geklappt. Egal, wie man nun diesen Film, von seiner Machart her gesehen, findet, ich habe mir einfach klargemacht, wie viel Mut diese Frau aufbringen muss – auch die anderen, die dabei waren –, öffentlich zu sagen, was ihnen widerfahren ist. Das hat mich sichtlich schockiert.

Dann habe ich angefangen, mich nur noch damit zu beschäftigen – nächtelang –, obwohl mir viele gesagt haben: ›Glaube nicht alles, was im Internet steht. Das ist so viel Schmutz. Die kochen da ihre Wäsche.‹ Ich habe aber nicht aufgehört, mich weiter zu informieren. Da kam dann so viel zusammen, dass ich mich fragen musste, ob ich die letzten zehn Jahre eigentlich in irgendeiner Parallelwelt gelebt habe. So viele haben gesagt: ›Das wusstest du alles nicht?‹

Doch in der Gruppe von Rigpa ist das ein absolutes No-Go. Wenn man es anspricht, dann greifen die typischen Mechanismen, die auch greifen, wenn Missbrauch vertuscht wird. Das sind bestimmte Reaktionsweisen, die werden da alle abgespult. Also auch als öffentliche Statements. Ich kann das alles nicht mehr glauben. Und ich kann auch einfach nicht mehr akzeptieren, wenn es dann heißt: Ein Bodhisattwa verteidigt sich nicht. Das ist die Begründung, dass Sogyal Rinpoche selbst keine Stellung dazu nimmt. Eine andere Begründung lautet, dass wir einfach nicht wissen, was »verrückte Weisheit« bedeutet. In der Dzogchen-Tradition wird sehr gerne *crazy wisdom* eingesetzt wird, um auf ungewöhnliche Weise die Konzepte der Schüler zu zerstören, um ihr Ego zu zerstören und ihre Erleuchtung zu fordern. Das ist an sich großartig. Aber letztendlich bin ich dann zu dem Schluss gekommen, und ich bleibe dabei: Egal, was für ein großartiger Lehrer er ist, er hat Leichen im Keller und ist ein gieriger, kleiner Sexlüstling. Das sage ich einfach von Mann zu Mann. Ich sage nicht, dass ich da besser bin. Das behaupte ich überhaupt nicht. Aber ich bin auch nicht der Lehrer, der diese Verantwortung übernommen hat.

Und ich sage mir, dass das ganz viel schlechtes Karma auslöst. Und ich habe dann angefangen, Rinpoches eigene Belehrungen, die er uns gegeben hat, nochmals daraufhin abzuklopfen. Und eine wichtige Sache ist die, was Padmasambhava gesagt hat. Er ist sozusagen der zweite Buddha, der den Buddhismus nach Tibet gebracht hat. Er wird auch Guru Rinpoche genannt – und dazu muss man vielleicht auch sagen, dass Sogyal Rinpoche seine engsten Schüler auch sagen lässt, dass Sogyal die Verkörperung von Padmasambhava für die heutige Zeit ist. Das ist ein großer Anspruch, und so sehen wir ihn beziehungsweise haben ihn damals so gesehen. Und im sogenannten Guru-Yoga besteht die Praxis darin, ihn so zu sehen und sich entsprechend mit ihm zu identifizieren. Doch der Guru Rinpoche hat ja ganz klar gesagt – und diesen Ausspruch hört man von Sogyal Rinpoche ja auch: ›Obwohl meine Sicht so hoch wie der Himmel ist‹, was eben bedeutet, ständig den Dharmakāya zu verkörpern und immer die höchste Ebene zu erkennen, ›ist meine Achtung vor Karma und schlechten Handlungen so fein wie Mehlstaub.‹ [Anspielung auf die buddhistische Karmalehre, wonach jeder die Folgen seiner Handlung auszubaden hat.] Das heißt, auch ein heiliges, verwirklichtes Wesen ist nicht gefeit davor, darauf achten zu müssen, was für Handlungen er tut. Und all diese schlechten Handlungen, die ja anscheinend passiert sein müssen, die hat er zu verantworten. Und das führt bei mir dazu, dass ich ihn einfach nicht mehr als verwirklichtes Wesen sehen kann – egal, wie viel Mühe ich mir gebe.

Und jetzt gibt es in der Geschichte noch eine weitere Dimension, dass nämlich der gesamte tibetische Lama-Verein ihn hofiert und unterstützt hat. Das geht bis zum Dalai Lama, der in seinem Hauptzentrum Lerab Ling den Tempel eingeweiht hat. Und das trifft auch die anderen Lehrer, wo ich jetzt eigentlich denken könnte: Okay, wenn es der Rinpoche nicht mehr ist, in aller Dankbarkeit, was du von ihm bekommen hast, die Zeit mit ihm ist jetzt zu Ende. Entsprechend gehst du jetzt zum Nächsten, gehst du zu einer Jetsün Khandro, gehst du zu Garchen Rinpoche. Aber ich kann es zurzeit nicht. Es ist für mich unmöglich, weil ich genau weiß, dass niemand von ihnen dieses heiße Eisen anpackt. Im Gegenteil: Es gibt Lehrer wie den Dzongsar Rinpoche, den ich auch immer großartig fand. Der hat den engsten Rigpa-Schülern gesagt: ›Es ist toll, dass ihr eurem Meister weiter die Stange haltet in dieser schwierigen Zeit.‹ Und es gibt bei Rigpa Schulungen, wie man damit umzugehen hat. Das wissen wir von einigen Freunden von uns. Die sind in dem Instruktorenprogramm, wo Unterweisungen gegeben werden, wie man mit skeptischen und kritischen Fragen umzugehen hat.«

Wie bereits zuvor werden wir auch diesen inhaltlich reichen Interviewausschnitt nun unter dem Blick auf die Arrangements der Kontexturen betrachten.

Nicht die Fakten, sondern die Werte in den Positionen bestimmen das Arrangement

Zunächst lässt sich feststellen, dass der Text nicht nur auf ein, sondern auf zwei Arrangements verweist: das der Ingroup-Perspektive im ersten Teil und das Arrangement der Drop-out-Perspektive im zweiten Teil der Erzählung. Dabei lässt sich interessanterweise feststellen, dass sich die beiden Arrangements nicht im Hinblick auf die Fakten bzw. die Anzahl der logischen Positionen unterscheiden, sondern nur durch die Art und Weise, wie die mit ihnen korrelierten Werte in der Leerstellengrammatik zu einem Arrangement besetzt werden.

Zu nennen sind hier unter anderem: »anklagende Frauen«; »kritische Berichte«; »Schüler«, die diese Berichte referieren; »Sogyal Rinpoche«; »junge, hübsche Mädchen«, die ihn umgeben; die »Lehren des tibetischen Buddhismus« (hier einerseits im Verweis auf ungewöhnliche Methoden weiser Meister wie andererseits die Lehren vom Karma). Als weitere für uns bedeutsame Positionen erscheinen »andere Schüler« und »andere Lamas«, welche Sogyals Position affirmieren.

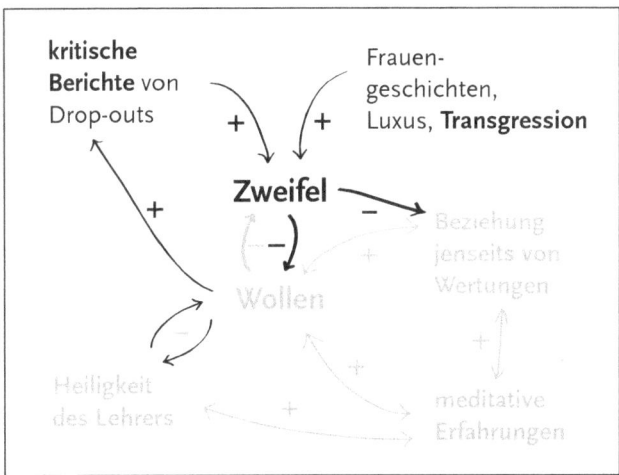

Abb. 3: Aufbrechen des Arrangements der Zustimmung: Indem der Zweifel durch die Auseinandersetzung mit kritischen Berichten und sichtbarem Fehlverhalten gestärkt wird, wendet sich das Blatt. Das Netzwerk von Positionen, innerhalb dessen die meditativen Erfahrungen, die Heiligkeit des Lehrers und die Bereitschaft, die Beziehung zu ihm jenseits kritischer Wertungen zu betrachten, sich wechselseitig bestärken, kann nicht mehr aufrechterhalten werden. Das Wollen, das den Praktizierenden weiter in der Gruppe hält, verblasst.

Aus denselben Daten entsteht jetzt einerseits das Bild eines erleuchteten und nur aus Mitgefühl handelnden Meisters, dessen Taten jedoch von unwissenden Menschen missverstanden werden, während hinreichend erfahrene Schüler und andere Meister die wahre Natur dieser Handlungen sehen und bestätigen. Selbst das Schweigen gegenüber den Anklagen erscheint hier als Ausdruck einer besonderen Großmut, die indiziert, dass sich Bodhisattwas nicht verteidigen müssen, da sie hierdurch nur in die Niederungen menschlicher Verwirrungen hinabsteigen würden.

Das zweite Bild zeichnet demgegenüber einen spirituellen Lehrer, der sich aus selbstischen Motiven sexuellen Ausschweifungen hingibt, sowie eine Gemeinschaft aus Schülern und anderen Würdenträgern, die dieses Fehlverhalten deckt.

Da nun aus phänomenologischer Perspektive im Erleben immer eine Gestalt – also etwas – erlebt wird, stellt sich nun die Frage, welche Faktoren die Stabilisierung eines Bildes und den Wechsel zu einem anderen Bild konditionieren. Was bestimmt, ob simple Schläge oder banaler Geschlechtsverkehr als »Segnung« oder »tantrische Einweihung« erscheinen (auch wenn das die »Gesegneten« nicht so sehen mögen)?

6.4 Faktoren, die bestimmte Weltverhältnisse stabilisieren

Wie wir bereits am Beispiel der anderen Gesprächspartner sehen konnten, bestimmt die Wertzuweisung an einer Stelle, was an Wertbesetzung an anderer Stelle möglich ist. So wurde zuvor deutlich, dass Herr Martini seine Sicht auf Sogyal als selbstlosen Meister nur stabil halten kann, indem er kritische Informationen in aktiver Manier so weit aus dem Blickfeld rückt (Herr Klemmer spricht hier analog von »schönreden«, was dann irgendwann nicht mehr »geklappt« hat), dass sie das Bild nicht stören. Hiermit wird aber noch nicht verständlich, warum ein Konzept, das gewissermaßen dem Common Sense widerspricht, entgegen diesem »gesunden Menschenverstand« aktiv affirmiert wird. Was konditioniert den Aufbau und die Beibehaltung eines bestimmten Arrangements und die mit ihm einhergehende Perspektivität? Es ist klar, dass diese Frage nicht nur Rigpa betrifft, sondern all die vielfältigen Organisationszusammenhänge, in denen Hoffnungen, Vertrauen, Loyalität und Machtbeziehungen ineinander verwoben sind. Prinzipiell kennt hier jeder die Gefahren von Machtmissbrauch. Wenn man aber in der Situation selbst steckt, wird man eben nicht hellhörig, selbst wenn man die Anzeichen sieht. Einer der wesentlichen Punkte dieses Buches besteht darin, genau diese Dynamiken verständlich zu machen: Die Anzeichen werden so lange über Techniken des Ignorierens und Schönredens in das »alte« Bild integriert, bis dies – möglicherweise ausgelöst durch einen »Schock« wie die Dokumentation – eben nicht mehr klappt.

Paul und seine Frau Irmhild Klemmer, die eine Zeit lang sogar überlegt hatten, in die Nähe von Lerab Ling, des Hauptzentrums von Rigpa, zu ziehen, kennen beide Perspektiven und sind deshalb besonders aufschlussreiche Informanten. Schauen wir deshalb mithilfe ihrer Erzählungen genauer auf drei Faktoren:

1. die Induktion meditativer Erfahrungen
2. die Plausibilisierung magischer Kausalitäten
3. die Gemeinschaft der Praktizierenden.

Diese Faktoren beziehen sich primär auf spirituelle Gruppierungen und Organisationen wie hier die Rigpa-Gemeinschaft, wenngleich Parallelen zu anderen Gemeinschaften aufscheinen (man denke etwa an psychotherapeutische Gruppen sowie an Schulen, Ausbildungsstätten, Einrichtungen des Films und Theaters, in denen ebenfalls intensiv an und mit dem Menschen gearbeitet wird).

Induktion meditativer Erfahrungen – Die Einführung in die Natur des Geistes

Ein in seiner Bedeutung für die Stabilisierung der oben benannten Arrangements kaum zu unterschätzender Faktor liegt darin, dass die Schüler in den Meditationsübungen, welche Rigpa anbietet, etwas Wesentliches für sich erfahren. Zu nennen ist hier insbesondere die Einführung in die »Natur des Geistes« durch den Lama während der Retreats, wie Herr Klemmer im gemeinsamen Gespräch mit seiner Frau erläutert:

> FRAU KLEMMER »Also, das Interessante am Buddhismus ist, dass man mit relativ wenig Meditieren schon anfängt mitzukriegen, wie das da oben tickt« [zeigt auf ihren Kopf].
>
> HERR KLEMMER »Eine Ahnung zu kriegen. Ja, stimmt. [...] Und genau das macht Rinpoche auch sehr schnell mit den Anfängern. Plötzlich haben sie einen Eindruck davon, was es heißt, mit dem Geist zu arbeiten, auch was für geistige Kapazitäten man gewinnt, wenn man den geistigen Prozess durchschaut. Wie es ist, fast die Leerheit schmecken zu können, was das mit einem verändert. Das macht der wirklich großartig. Bereits Anfängern stellt er die Natur ihres Geistes vor. Das ist wirklich großartig, das kann man nicht von der Hand weisen.«

Auf einer operativen Ebene besteht die sogenannte Einführung in die »Natur des Geistes« darin, Inhalte der Erfahrung, also Gedanken, Wahrnehmungen, Wertungen und Gefühle, als unbedeutend und nicht als die eigene »Natur des Geistes« zu sehen. In der Sprache der Kontexturanalyse ausgedrückt, werden also die Bewusstseinsinhalte wie auch die logischen Räume, mit deren Hilfe sich diese Räume unterscheiden lassen, umfassend rejiziert, sodass sie von der hier erlangten Position aus auf den Raum verweisen, aus dem heraus erst all die Unterscheidungen entstehen. Ausgehend von den Positionen, die in der Tetralemmaarbeit aufscheinen (siehe Abschn. 5.1), landen wir hier mit Blick auf die von Herrn Klemmer angesprochene »Leerheit« bei der fünften und letzten Position (»all dies nicht und selbst das nicht« – dem unmarkierten Raum jenseits aller Unterscheidungen).

Es werden Formen damit des Erlebens induziert, die Wittgenstein mit der Erfahrung, über die »Existenz der Welt« zu »staunen«, oder der Erfahrung der »absoluten Sicherheit« umschrieben hat, um zugleich darauf hinzuweisen, dass solche Beschreibungen keine im logischen Sinne nachvollziehbaren Tatsachen oder Inhalte des Erlebens ausdrücken können, sondern eher eine Haltung anzeigen, die in bestimmten erhabenen Momenten gegenüber der Welt eingenommen werden kann.[72] Diese Haltung geht oftmals mit einem Gefühl der Gnade einher (um es mit einem Begriff aus der christlichen Tradition auszudrücken): mit dem Empfinden, dass man so, wie man ist, von einer transzendenten Sphäre aus gesehen angenommen ist; dass alles, so wie es ist, in einem übergreifenden Sinne richtig und in Ordnung sei.

Um die damit zusammenhängende Beziehungsdynamik weiter mit den Worten von Herrn Klemmer auszudrücken:

> HERR KLEMMER »Und man fühlt sich einfach am richtigen Platz. Und da ist dann irgendwann kaum Raum mehr für Zweifel, weil der Zweifel ist genau das, was einen ja auch ein bisschen daran hindert, sich wirklich hinzugeben und damit auf dem Weg der Erleuchtung zu sein und zu wachsen. Das klingt wahnsinnig attraktiv.«

Aus der Perspektive der Kontexturanalyse kann diese Erfahrung nicht aus sich allein entstehen. Vielmehr verdankt sie sich der besonderen Form der Anrede durch einen signifikanten anderen, der seinerseits durch ein besonderes soziales Setting in die Position gesetzt wurde, genau dies zu tun.[73] Aus diesem Grunde wird dann auch die in der Interaktion mit dem Lama vermittelte Erfahrung als ein Segen wahrgenommen.

---

72 Wittgenstein (1989, S. 14 ff.).
73 Siehe ausführlicher zur Paradoxie der soteriologischen Kommunikation im Buddhismus Vogd (2017).

Da Herr Klemmer diese Positionen kennt, also in der Retrospektive noch Zugang zu der Eigenlogik des affirmativen Arrangements hat, erscheinen seine Erzählungen für uns besonders instruktiv, denn er kann die dargestellten Prozesse nicht nur thematisieren, sondern zugleich reflektieren. Seine Schilderungen verdeutlichen, dass das soteriologische Heil der buddhistischen Schulung immer auch in der Überwindung des Zweifels besteht.[74]

Diese Überwindung des Zweifels beruht jedoch nicht darauf, dass Ambivalenzen im Hinblick auf die Bedeutung von Sachlagen oder Unsicherheiten im Hinblick auf den Wahrheitsgehalt von Aussagen beantwortet werden, sondern dass der logische Raum, in dem der Zweifel Sinn ergibt, selbst zurückgewiesen wird. Wittgenstein drückt die hiermit verbundene logische Beziehung folgendermaßen aus:

> »Denn Zweifel kann nur bestehen, wo eine Frage besteht, eine Frage nur, wo eine Antwort besteht, und diese nur, wo etwas *gesagt* werden *kann*.«[75]

Die Einweisung in die Natur des Geistes durch den Lama (oder homologe Erfahrungen in der stillen Meditation) verweist auf etwas anderes, das sich einer sinnhaften Erklärung entzieht – oder, um es wieder mit den Worten Wittgensteins auszudrücken:

> »Es gibt allerdings Unaussprechliches. Dies *zeigt* sich, es ist das Mystische.«[76]

Zweifel als Frevel – Verwirrungen, die entstehen, wenn Form und Inhalt verwechselt werden

Die transzendente Erfahrung klärt den Zweifel nicht, sondern erscheint als ein anderer logischer Ort, an dem der Zweifel bedeutungs-

---

74 Bereits in den einschlägigen Schriften des Theravāda-Buddhismus zeichnet sich das erste Erleuchtungsstadium, der sogenannte Stromeintritt (sotāpanna), dadurch aus, dass drei Fesseln überwunden werden, nämlich der Persönlichkeitsglaube (sakkāya-ditthi), die Zweifelsucht (vicikicchā) sowie das Festhalten an Regeln und Riten (sīlabbata-parāmāsa). In Bezug auf unser Thema ist auf den systemischen Zusammenhang hinzuweisen, dass der Wegfall der Bedeutung des Zweifels einhergehen muss mit der Einsicht, dass magische Rituale und der Glaube an kontextunabhängige Regeln und Wahrheiten unsinnig sind. Oder, um es stärker zu pointieren: Die Zweifelsucht kann nur überwunden werden, wenn man nicht mehr an die Magie der vom Lama vollzogenen Riten und an den objektiven Wahrheitsgehalt der während der buddhistischen Schulung vermittelten Regeln und Verpflichtungen glaubt. Siehe ausführlicher Vogd und Harth (2015, S. 417 ff.).
75 Wittgenstein (1990, 6.51; Hervorh. im Orig.).
76 Wittgenstein (1990, 6.522; Hervorh. im Orig.).

los ist. Der logische Ort, an dem der Zweifel entsteht, besteht also weiterhin (erscheint dort als eine offene Frage, die auf Beantwortung drängt). Der Zweifel bleibt gewissermaßen im gleichen Raum wie die Transzendenz. Innerhalb der Totalität der Möglichkeiten der menschlichen Erfahrung gehört beides zu uns. In diesem Sinne muss der Zweifel also weiterhin als Bestandteil innerhalb der Gesamtheit des Arrangements erscheinen, kann aber nun temporär – wie Herr Klemmer reflektiert (und auch Herr Martini in seinen Erzählungen demonstriert) – einen randständigen Platz einnehmen, damit er die Hingabe an anderer Stelle nicht behindert. Da die Transzendenzerfahrung selbstevident und aufgrund der mit ihr verbundenen Glücksmomente selbstinstruktiv ist (»wahnsinnig attraktiv«), kann es leicht passieren, dass die in der Interaktion mit dem Lama vermittelte Erfahrung zunächst als ein Segen wahrgenommen wird, der dann im zweiten Schritt gewissermaßen mit dem spirituellen Ziel des buddhistischen Pfades verwechselt wird.

Der Inhalt dieser Erfahrung wird dann gewissermaßen mit der Form vertauscht, die diese Erfahrung ermöglicht. Die Form beinhaltet ein Arrangement aus vielfältigen Positionen (aus der Interaktionssituation; der des Lama; der Schüler, die fähig sind, kritisch zuzuhören und doch zugleich zu vertrauen; der Wahrnehmungen und Berichte, welche dieses Vertrauen bestätigen; der Lehren, welche die Sinnhaftigkeit des Geschehens erklären; usw.). Der Inhalt stellt nur das Erleben dar, das innerhalb einer Leerstellengrammatik an einer Stelle möglich ist, insofern die anderen Stellen mit entsprechenden Werten besetzt sind. Wird aber jetzt der Inhalt als die Welt, sozusagen als der ganze logische Raum genommen, kommt es zu der typischen Art der Verwirrung, die religiöse Transzendenzerfahrungen oft begleitet. Berechtigter Zweifel erscheint jetzt als Frevel und wird damit fälschlicherweise auf der inhaltlichen Ebene negiert – in dem Missverständnis, dass die Bedingungen der Möglichkeit spiritueller Erfahrung einen Raum voraussetzen, in dem Denken und Zweifel ihren eigenen Platz haben. Diese Verwechslung führt zu dem weiteren fatalen Missverständnis, dass es der spirituellen Entwicklung hinderlich sei, einen Zweifel zu haben, bzw. umgekehrt es richtig sei, dem Zweifel auszuweichen, ihn auflösen zu wollen oder zu vermeiden.[77]

---

[77] Jeder verdrängte Zweifel nötigt zu Radikalität der religiösen Haltung, wie am Beispiel des islamischen Fundamentalismus zu sehen ist, vgl. Žižek (2015).

Plausibilisierung magischer Kausalitäten – Die Konstruktion des allmächtigen Lama

Ein zweiter wichtiger Faktor ist die Zuschreibung und Verfestigung von sogenannten magischen Kausalitäten.[78] Gemeint ist hiermit die Verbindung zweier synchron auftretender Wahrnehmungen oder Sachverhalte zu einer übergreifenden Gesetzlichkeit. Dies kann und wird insbesondere im Anschluss an eindrucksvolle, sich entsprechend ihrer emotionalen Aufladung besonders ins Gedächtnis einprägende Szenen geschehen. Aufgrund der hervorstechenden Rolle des Lama im tibetischen Buddhismus liegt es nahe, dass der Lama selbst magisch aufgeladen wird. So erscheint es vielen Schülern, dass seine Gesten und Blicke in der öffentlichen Belehrung geradezu persönlich den Hörer meinen. Es kommt ihnen entsprechend vielfach so vor, als ob der Lama gleichsam in den Geist der Schüler hineinsehen und unmittelbar in ihn eingreifen könnte. Damit einhergehend kann der Eindruck entstehen, dass der Lama über hellseherische Fähigkeiten und übernatürliche Kräfte verfüge. Dies wird zudem durch die semantische Struktur vieler im tibetischen Buddhismus üblichen Sprachwendungen bestärkt, in denen der Lehrer aktiv und der Schüler passiv erscheint (etwa: »Der Lama führt den Schüler in die Natur des Geistes ein«). Darüber hinaus kursieren in der einschlägigen Literatur vielfältige Geschichten, welche von übernatürlichen Fähigkeiten des Lama berichten.

Auch hier findet wiederum eine Verwechslung zwischen der Form (also einem Arrangement und Rollengefüge, das an bestimmten Stellen spezifische Erfahrungen und Deutungen nahelegt) und einem Erlebnisinhalt statt. Infolge dieses Missverständnisses erscheint die zugeschriebene magische Kausalität »wirklich«.

Schwarze Magie – Konstruktionen der Angst

Insofern der Lama die hiermit verbundenen Zuschreibungen nicht als Fiktion oder Illusion zurückweist, sondern umgekehrt noch affirmiert, kann er – gleichsam als Parasit dieses Zurechnungsprozesses – reale Macht über seine Schüler gewinnen. Einmal entstanden, das heißt als Zurechnungsmuster performativ bestätigt und emotional aufgeladen, konditioniert diese magische Kausalität ihrerseits das Verhältnis von Schüler und Lehrer. Schauen wir auf die folgende Erzählung von Frau

---

78 Siehe zur magischen Kausalität die Ausführungen von Watzlawick (1990, S. 59 ff.).

Klemmer, die ein besonders dramatisches Beispiel für einen solchen Prozess gibt:

> FRAU KLEMMER »Ich war auf dem Retreat in Homburg, das war eine ehemalige Raketenstation. Da fanden viele Retreats statt. Das waren tolle Retreats, und einmal gab es dann eine Liveschaltung zu Ian Maxwell ins Krankenhaus, wo der im Sterben lag. Der Sogyal hat da eine ganze Belehrung gegeben, die gab er über Video, was der Ian jetzt machen soll, jetzt in dem Moment, wo es ans Sterben geht. Und die Schüler, die acht [welche 2017 den offenen Brief zu den Verfehlungen Sogyals formuliert hatten], haben das ja jetzt auch geschrieben, also der Sogyal hat gesagt, dass der Ian Maxwell nur deswegen die ganze Zeit Blut gespuckt habe, weil er nicht das gemacht hat, was Sogyal wollte, und dann hat er gesagt, das Ian ein Arschloch gewesen sei. Das war ein Schock. Und dann hat er das später wohl öfter wiederholt, das war wohl so ein gängiges Drohungsprinzip: ›Willst du Blut spucken wie Ian Maxwell?‹ Ey hallo!«

Über die Videoliveschaltung wird es möglich, dass Sogyal Rinoche seinen langjährigen Schüler während eines Retreats mit mehreren Hundert Teilnehmern öffentlich in Form einer spirituellen Sterbebegleitung unterstützt. Im Anschluss erklärt er den Seminarteilnehmern, dass Ian ein »Arschloch gewesen« sei und nur deshalb die Folgen seiner schweren Erkrankung zu erleiden habe, weil er den Anweisungen seines Lehrers nicht korrekt gefolgt sei.

Innerhalb der kanonischen Texte des tantrischen Buddhismus finden sich auch Schriften, in denen behauptet wird, dass ein Schüler des tantrischen Buddhismus in der Hölle lande, wenn er sich von seinem Lehrer abwende. Wenngleich ein Schüler an eine solche Kausalität glauben mag und auch den Lama für fähig hält, diesen Zusammenhang zu wissen oder gar erzeugen zu können, so gilt auch hier: Eingedenk der prinzipiell intransparenten »Du«-Perspektive gibt es keine absolute Gewissheit darüber, was der Fall ist. Ob der Lama »es weiß« oder ob er nur aufgrund der tibetischen Tradition »daran glaubt«, dass es so sein könnte, ob er einen »Witz macht«, also mit schwarzem Humor die Glaubenssätze seiner eigenen Kultur karikiert, oder ob er nur einen Zusammenhang »behauptet und vortäuscht«, um seine Schüler an sich zu binden, lässt sich nicht mit Sicherheit entscheiden.

Und auch für den wie auch immer gearteten Kausalzusammenhang selbst gilt – mit den Worten Wittgensteins:

»Auf keine Weise kann aus dem Bestehen irgendeiner Sachlage auf das Bestehen einer von ihr gänzlich verschiedenen Sachlage geschlossen werden.« – »Der Glaube an den Kausalnexus ist der *Aberglaube*.«[79]

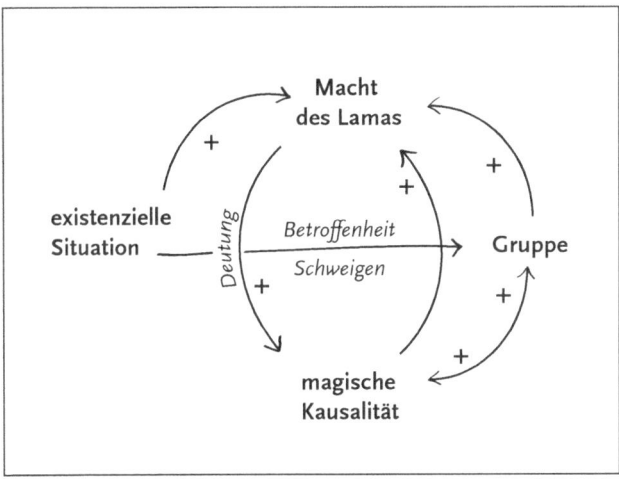

Abb. 4: Entstehung magischer Kausalitäten: Existenzielle Situationen wie Tod, Sterben und schwere Krankheit führen in der Gruppe zur Bestürzung sowie zur Sehnsucht nach einer Deutung, wobei die Religion hier Angebote machen kann. Dies stärkt die Macht des Lama. Gleichsam als Parasit der kollektiven Betroffenheit und des Wunsches nach einer transzendenten Erklärung kann er magische Kausalitäten behaupten. Fallen sie entsprechend drastisch aus, wird die Betroffenheit der Gruppe weiter gesteigert. Dies führt zur kollektiven Resonanz existenzieller Gefühle. Gegenüber dem solcherweise ermächtigten Lama ist keine Widerrede mehr möglich. Als Antwort auf den behaupteten Zusammenhang ist nur noch eins möglich: Schweigen.

Auch der hier im Raum stehende schwarzmagische Nexus (Ian Maxwells Krankheit als Folge des Ungehorsams gegenüber dem Lehrer) wird also, wie in jeder durch eine Proposition behaupteten Kausalität, nicht durch die Sache selbst gestiftet, sondern erst durch die Operationen eines Beobachters, der den proponierten Zusammenhang dann glauben, anzweifeln bzw. für wahr oder für falsch halten mag. Die Ernsthaftigkeit der Situation und die im Angesicht von tödlicher

---
79 Wittgenstein (1990, 5.135, 5.1361; Hervorh. im Orig.).

Krankheit entstehende emotionale Betroffenheit legen hier freilich einen bestimmten Deutungskorridor nahe. Dieser Deutungskorridor wird zudem von einer Gruppendynamik bestärkt, die sich durch das betroffene Schweigen der Teilnehmer dieser Massenveranstaltung auszeichnet.

Selbst wenn Sogyal das nicht so gemeint hat (wie bereits mehrfach gesagt, wir wissen es nicht)[80], bleibt die Angst im Raum. Das damit aufgebaute »Drohungsprinzip« erscheint, wie Frau Klemmer richtig feststellt, hiermit nicht nur als eine subjektiv gefärbte Sicht oder Deutung, sondern als eine objektive Eigenschaft des Arrangements. Denn auch wenn der Kausalnexus eine Fiktion darstellt, so gilt dies nicht für den Auftritt Sogyals, das Video eines sterbenden Schülers und die affektive Betroffenheit der Gruppe. All dies ist real und schreibt sich entsprechend ins Gedächtnis der Beteiligten ein.

Die Gemeinschaft der Praktizierenden – Eine neue Familie

Der kritische Leser könnte spätestens an dieser Stelle zu dem Schluss gelangen, bei den Schülern von Rigpa handele es sich insbesondere um Menschen, die zum Aberglauben neigten, besonders autoritätshörig seien und darüber hinaus eher zu einer Gruppe gehörten, die an den Institutionen der offenen, demokratischen Gesellschaft gescheitert seien und entsprechend Zuflucht zu einer Gemeinschaft suchten, die sich durch vormoderne Denkweisen auszeichnet. Zudem könnte man denken, dass Rigpa vielleicht besonders für schwache oder zur Unterwerfung neigende Menschen attraktiv sei.

Keine gescheiterten, sondern oftmals auch im weltlichen Leben erfolgreiche Menschen

Wenngleich für viele Schüler existenzielle Erfahrungen wie der Tod eines nahen Angehörigen ausschlaggebender Anlass waren, sich dem tibetischen Buddhismus zuzuwenden, lassen sich die benannten Vermutungen in unserer empirischen Untersuchung nicht bestätigen. Im Gegenteil finden sich gerade unter den Schülern, die seit vielen Jahren dabei sind und aktiv im Vereinsleben Verantwortung übernehmen, viele Menschen, die tendenziell eher zum gut situierten Bildungsbürgertum zu rechnen sind. Unter den Praktizierenden finden sich Ärzte, Psychotherapeuten, Wissenschaftler, Künstler, Juristen und erfolgrei-

---

80 Angesichts der Kontexturanalyse müssen wir vielmehr aufgrund der Intransparenz der »Du«-Position davon ausgehen, dass niemand wissen kann, was Sogyal wirklich gemeint hat.

che Unternehmer. Diese Menschen machen in der Regel keineswegs den Eindruck, als ob sie dem weltlichen Leben entsagten, sondern wirken gesellschaftlich erfolgreich und dem Weltlichen zugewandt.

Zudem behandeln die in den lokalen Zentren von Rigpa veranstalteten Kurse die kanonischen Lehren des tibetischen Buddhismus in einer systematischen, den westlichen Rezeptionsgewohnheiten vertrauten Form. Die Veranstaltungen selber folgen offenen, dialogischen Diskursformaten. Auch zeigten sich die Gesprächspartner in unseren Interviews durchaus bereit, über Schwächen und Probleme zu reden. Darüber hinaus erscheinen Schüler, die intensive Schulungsphasen, etwa das dreijährige Retreat, durchlaufen haben, keineswegs verrückt oder gestört, sondern umgekehrt in der Regel sichtbar persönlich gereift. Auch Herr Klemmer, dem als Drop-out kein Ingroup-Bias vorgeworfen werden kann, scheut sich in diesem Sinne nicht, das zu nennen, was Rigpa für ihn und viele seiner Schüler an Gutem leisten kann und was in diesem Zusammenhang Sogyal Rinpoche damals für ihn bedeutet hatte:

HERR KLEMMER »Doch was ich ganz klar sagen muss, dieses Drei-Jahres-Retreat hat ganz viele Menschen wirklich ein Stück weit transformiert. Die Potenziale, die die eigentlich hatten, die wurden plötzlich sichtbarer, und die haben sich wirklich stark verändert. Also, Leute mit großen Problemen, mit starken Neurosen, die haben plötzlich ihre Neurosen in gewisse Fähigkeiten umwandeln können. Ich muss auch sagen, das hat mich sehr beeindruckt, ebenso die ganz tolle Atmosphäre. Also, die Leute haben wirklich ordentlich praktiziert und sich gegenseitig mitgerissen. Es gab auch die Sangha-Care. Es wurde sich umeinander gekümmert. Und es gab immer neue Texte. Dieses Drei-Jahres-Retreat war wirklich ein ganz fundierter Weg, eine disziplinierte und durchdacht konstruierte Anleitung, wie das gesamte Buddha-Dharma vermittelt werden kann. Also vom Hinayana über den Mahayana und Vajrayana bis hin zu den Dzogchen-Praktiken oder Tendrel Nyesel. Also, das war wirklich Stück für Stück absolut perfekt ausgearbeitet. Ich glaube nicht, dass man woanders so eine fantastische Anzahl von Belehrungen hätte bekommen können, die wirklich so gut durchstrukturiert waren. Das muss ich dem Sogyal Rinpoche absolut zugestehen. In dem Punkt bin ich auch unendlich dankbar. Das ist halt die eine Seite der ganzen Geschichte. Und ich merke, wie dankbar man ist und wie hingebungsvoll man war und wie begeistert man war. Es war jetzt, ich kann da jetzt nur für mich sprechen, ich konnte mir nicht vorstellen, in diesem Leben oder nächsten Leben einen anderen Lehrer zu haben. Er war für mich eine wichtigere Figur, als mein Vater.«

Diese Erzählung lässt – wie auch die Berichte vieler anderer unserer Interviewpartner zeigen – deutlich werden, dass es für Menschen, die eine gewisse Affinität zu dem buddhistischen Gedankengut haben, keineswegs unvernünftig scheint, sondern vielmehr durchaus attraktiv ist, an den Schulungsprogrammen von Rigpa teilzunehmen. Man sieht und erfährt, wie andere Menschen davon profitieren, und inspiriert sich gegenseitig, tiefer in das Studium des tibetischen Buddhismus einzudringen. Außerdem wird man Teil einer Gemeinschaft, deren Mitglieder sich um einen kümmern.

Der Vergleich von Sogyal mit dem eigenen Vater legt zudem das Bild einer Familie nahe, wobei – wie in jeder Familie – auch Spannungen und Diskrepanzen auftauchen mögen, man aber dennoch eine tiefe Verbundenheit erlebt. Gerade auch im Hinblick auf die Möglichkeiten der Persönlichkeitsentwicklung und die Unterstützung, die durch andere erfahren wird, erscheint es verständlich, wenn für viele Schüler die Wahlfamilie der Rigpa-Gemeinschaft als bedeutsamer erlebt wird denn die eigene Ursprungsfamilie.

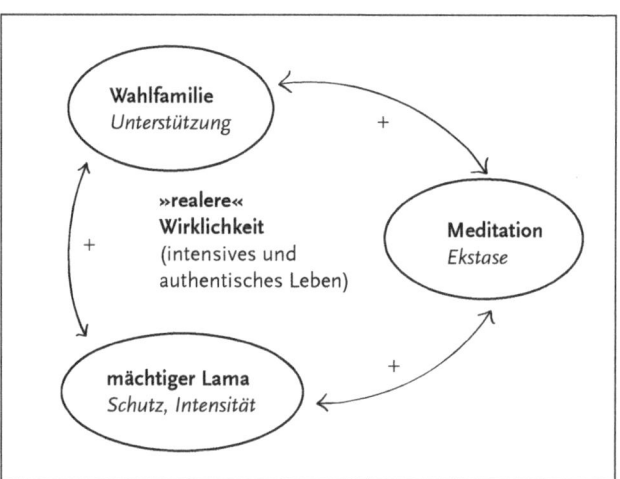

Abb. 5: Wahlfamilie: Intensive Meditationserlebnisse, die Unterstützung durch andere, ein charismatischer Lehrer lassen das eigene Leben weitaus lebendiger und authentischer erscheinen, als es im »grauen Alltag« vieler anderer Lebensbereiche der Fall ist.

Aus der Perspektive der Kontexturanalyse stellen Konstellationen, welche sich durch den Begriff »Familie« charakterisieren lassen, freilich keine essenzielle Einheit dar. Sie erscheinen vielmehr als ein Arrangement, das sich erst ergibt, wenn unterschiedliche »Du«-Perspektiven einem »Wir« zugrechnet werden und wenn dadurch wiederum konditioniert wird, was an anderen Stellen des Arrangements geschieht. Wie in den Kippfiguren der Gestaltpsychologie ändern sich die Stellen ja nicht, die Relationierungen hingegen schon.

6.5 Auf die Sicht kommt es an?!

Die Induktion transpersonaler Grenzerfahrungen (»Einführung in die Natur des Geistes«), die emotionale Plausibilisierung magischer Kausalität (»Macht des Lama über das eigene Schicksal«) und nicht zuletzt die Erfahrung von »Familie«, die bedeutungsvoller erscheint als die Ursprungsfamilie, lassen verständlich werden, warum unter den erfahrenen Schülern auch sehr reflektierte Menschen dazu tendieren, weiterhin mitschwingende Zweifel aktiv beiseitezuschieben.

Freilich bleiben die Leerstellen eines solchen Arrangements bestehen, und entsprechend können sie andere Werte annehmen, sobald sich die Konditionierung ändert. Innerhalb der Leerstellengrammatik, von der dieses Arrangement ein Ausdruck ist, bleiben die Stellen allerdings bestehen und können entsprechend neu besetzt werden. Der Glaube an die Macht des Lama bleibt eine Zurechnung, die wieder aufgelöst werden kann. Das, was zunächst als eine wesentliche spirituelle Erfahrung erschien, mag später als Illusion betrachtet werden. Wie in einem Kippbild ändert sich die Relationierung der Bestandteile, und schlagartig ist etwas anderes der Fall. Familien können zerbrechen.

Hiermit wird aber auch deutlich, was alles auf dem Spiel steht, wenn dem Arrangement, in dem man sich häuslich eingerichtet hat, die Gefahr droht, dass die Leerstellen nun mit gegenteiligen Werten besetzt werden.

Den Boden unter den Füßen verlieren

Aus diesem Grunde verwundert es auch nicht, wenn uns Schüler von Rigpa berichten, dass ihnen buchstäblich der Boden unter den Füßen weggezogen wurde, als die Missbrauchsvorwürfe im Sommer 2017 auch von interner Seite bestätigt wurden.

Da hiermit auch die Struktur wegbricht, welche der im tibetischen Buddhismus als zentral erachteten Erfahrung von Leerheit einen Rahmen geben könnte, führt diese Krise nicht – wie man naiverweise annehmen könnte – zu spiritueller Erleuchtung. Die Negation des Bestehenden führt nicht zu innerer Freiheit, nicht zur fünften Position des Tetralemmas, nicht zum unmarkierten Raum jenseits aller Unterscheidungen.

Im Gegenteil zeigen sich bei vielen Schülern deutliche Symptome von Traumatisierungen, also von innerer Fixierung. So landet etwa eine Frau, mit der wir sprechen konnten, in einer psychosomatischen Klinik (ihr Leib erscheint damit als das Einzige, was ihr noch Halt geben und worin sich ihr Dilemma ausdrücken kann). Doch auch bei den Drop-outs, über die wir gesprochen haben, zeigt sich, dass der Bruch mit einer tiefen Vertrauenskrise einhergeht, deren Verarbeitung auch nach Jahren noch nicht abgeschlossen ist. Ein Gesprächspartner berichtet etwa, dass er zwanghaft in den Internetforen die Debatten verfolgen müsse und nicht mehr meditieren könne, da immer, wenn er sich hinsetze, das Gesicht von Sogyal vor ihm erscheine.

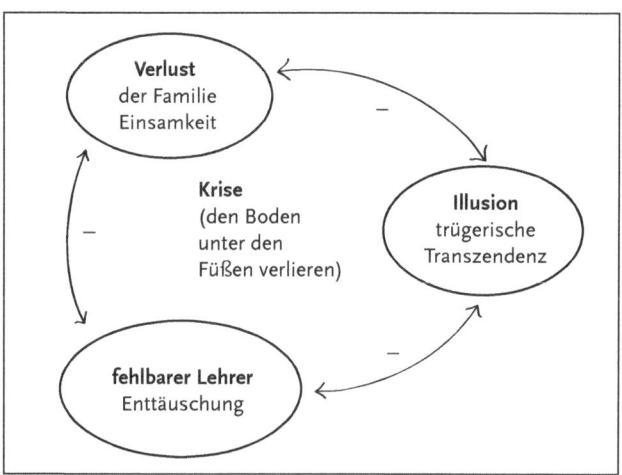

Abb. 6: Alles verlieren: Der Verlust einer Gemeinschaft, welche bedeutsamer als die eigene Familie erscheint, sowie die Enttäuschung über den Meister führen zur rückwirkenden Deutung der Transzendenzerfahrungen als Illusion. All dies zusammen genommen führt bei den betroffenen Menschen buchstäblich dazu, dass sie den Boden unter den Füßen verlieren. Es bleibt nichts mehr, was Halt gibt.

Anders als die Anfänger, welche noch leicht zwischen den zwei Arrangements mit jeweils umgekehrten Vorzeichen in der Wertbesetzung oszillieren können (»Missbrauch und Manipulation« vs. »erleuchteter Meister«), sind insbesondere die Langzeitpraktizierenden viel zu tief involviert, als dass hier ohne ernsthafte Konsequenzen für das eigene Selbst- und Weltverhältnis die Positionen gewechselt werden könnten. Entsprechend treten eher starke Abwehrreaktionen auf, statt dass in produktiver Weise die Leere angenommen werden könnte, die mit dem Zusammenbruch der alten, aber vertrauten Unterscheidungen einhergeht.

Jenseits von Traumatisierung und kritikloser Affirmierung – Alternative Arrangements

An dieser Stelle erhebt sich die Frage, ob in Anbetracht der nun aus dem engsten Kreis der Schüler vorgebrachten Missbrauchsvorwürfe noch andere Arrangements möglich sind als eine kritiklose Affirmation oder die tiefe Enttäuschung. Die Leerstellengrammatik beschreibt die Stellen, deren Besetzung eine Vielzahl potenzieller Arrangements ermöglicht, wobei der Wert an einer Stelle die an anderen Stellen möglichen Werte konditioniert. Wenngleich die wechselseitige Abhängigkeit hier beliebige Zuordnungen verhindert, sind jedoch bei einem hinreichend komplexen System mehr als zwei Varianten denkbar. Welche davon realisiert werden können, erschließt sich eher über einen empirischen Zugang denn über theoretische Reflexion, da Letztere in der Regel kein ausreichendes Wissen über die Faktoren ermöglicht, welche das Arrangement bedingen. Umgekehrt werden jedoch erst mithilfe der Leerstellengrammatik die getroffenen Weichenstellungen in der Rekonstruktion der empirischen Verhältnisse sichtbar.

Wie an den vorangehenden Ausführungen sichtbar wurde, erscheint als eine der wesentlichen kritischen Stellen die »Du«-Position des Meisters und die auf sie projizierten Zurechnungen. Neben den beiden Motivunterstellungen »aus Mitgefühl handeln« und aus »Eigensucht und niederen Motiven handeln« finden sich (empirisch jedoch eher selten) zwei weitere Varianten, die ihrerseits komplementär zueinander stehen. In beiden Varianten wird die prinzipielle Intransparenz der »Du«-Perspektive zum Ausgangspunkt weiterer Operationen, jedoch ohne dass sich die Sprecher dabei festlegen müssen, was wirklich der Fall sei.

Objektivierung – Ein Mensch kann in Ungnade fallen, doch als Lehrer steht er nicht infrage

Schauen wir zunächst auf die erste Variante, die von Sabine Schöller repräsentiert wird. Frau Schöller ist zum Zeitpunkt des Interviews 65

Jahre alt und bietet in einem lokalen Rigpa-Zentrum selbst Meditationskurse an:

> FRAU SCHÖLLER »Letzten Samstag war ein Gespräch hier im Zentrum, es ging um Lehrer-Schüler-Verhältnisse und um Missbrauch. Ich fand es erschreckend, dass es auch in anderen Schulen so oft Missbrauch gegeben hat. [...] Also, mich hat es auch ganz schön durchgeschüttelt, was da bei uns geschehen ist. Ich fand es ungeheuerlich, auch dieses Ausmaß. Ich persönlich habe nichts gesehen. Ich bin nicht so nahe dran, ich reise nicht mit ihm. Es hat viele Facetten. Natürlich gibt es auch Schüler, die nicht nahe genug am Lehrer sein können. Auf der anderen Seite finde ich, ein Lehrer muss die Ethik und das Gewahrsein haben. Er ist in der Verantwortung, sich ethisch zu verhalten, selbst wenn es Frauen gibt, die nicht nahe genug am Lehrer dran sein können. Im Lehrer-Schüler-Verhältnis besteht ja auch eine gewisse Abhängigkeit, und dass ist ja natürlich eine Gefahr. Da muss der Lehrer gefestigt sein, das darf nicht passieren. [...] Es gibt Schüler, die sagen, wer sind wir, wir können nicht beurteilen, in welcher Geisteshaltung er es gemacht hat. Aber da kommt man nicht weiter. [...] Der Dalai Lama hat sich da ganz klar geäußert, es gibt da ethische Richtlinien, dass keiner geschlagen werden darf, dass es keine sexuellen Übergriffe geben darf. Man darf jetzt eins nicht vergessen, die tibetische Kultur ist eine vollkommen andere Kultur. Ich habe jetzt das Buch *Drachendonner* von Chogyam Trungpa gelesen. Schläge und Gewalt gehört da einfach zur Kultur, da ist ein himmelweiter Unterschied zu uns. Ich könnte mir vorstellen, dass es in Tibet in den Klöstern normal war, aber bei uns geht das nicht, und entsprechend ist das auch nicht zu tolerieren. [...] Nee, tut mir leid, da habe ich kein Verständnis für. [...] Mit Sogyal ist jetzt mein Empfinden, wenn er lehrt, ist er authentisch, aber was er sonst so als Mensch gemacht hat ...«

> INTERVIEWERIN »Meinen Sie, diese beiden Sachen lassen sich trennen, oder gehören die zusammen?«

> FRAU SCHÖLLER »Das ist sehr schwierig, deshalb muss es aufgeklärt werden, sonst bedeutet es das Aus. Es ist jetzt meiner Meinung nach so wie in der Psychoanalyse, da kann an Therapeut noch so gut sein, wenn da so was vorfällt, dann muss er den Hut nehmen.«

Im Interview, das im Herbst 2017 geführt wurde, stellt sie zunächst fest, dass die Offenlegung und das Ausmaß des Skandals sie richtig »durchgeschüttelt« hätten. Doch im Verlauf des Gesprächs zeigt sich ein recht gefasster und nüchterner Umgang mit der Problematik.

Unabhängig von den wirklichen Motiven Sogyals (wobei hier sowieso letztlich nur »Aussage gegen Aussage« stehe) sei es klar, dass das Fehlverhalten nicht zu tolerieren sei. Deshalb sei es ebenso richtig wie notwendig gewesen, dass Sogyal als spiritueller Leiter von Rigpa zurückgetreten sei. Dabei sei es auch nicht von Bedeutung, ob vielleicht in tibetischen Klöstern die Subordination der Schüler einerseits und der Ausbeutung von Schülern durch autoritäre Lamas andererseits zur kulturellen Normalität gehört hätten, da im Westen eben andere ethische Standards gelten würden. Unabhängig davon könnten aber Sogyals Lehren, sei es in Schriftform oder als Ton- und Videomaterial, weiterhin genutzt werden, da seine Belehrungen selbst nicht durch das Fehlverhalten infrage gestellt würden.

Die Kontexturanalyse kann hier feststellen, dass die Komplexität der »Du«-Perspektive dadurch getilgt wird, dass auf nachprüfbare Kriterien rekurriert wird. Nach den in westlichen Demokratien gesetzten ethischen Standards ist das Verhalten objektiv falsch. Entsprechend interessieren weder Motive noch Gründe, die aus der »Du«-Perspektive theoretisch angebracht werden könnten. Zugleich kann auf diese Weise der Lama als Lehrer in die beiden Teile »Rolle« (Funktionsausübung und das daran geknüpfte Verhalten) und »Person« (individuelle Eigenschaften) gespalten werden. Die vermittelten Lehren des tibetischen Buddhismus erscheinen nun als objektivierbare Texte, wobei es faktisch unwichtig wird, wer sie vorliest oder interpretiert, sofern die Interpretation im Rahmen des Kanons verbleibt. Mit Blick auf die Grundkonstellation des polykontexturalen Arrangements lässt sich hier also feststellen, dass die Subjektivität der »Du«-Perspektive getilgt wird. Zugleich wird damit die Bedeutung der Beziehung zum anderen »Ich« nivelliert. Wir landen damit in gewisser Weise bei dem Versuch eines tibetischen Buddhismus ohne Beziehung, denn Beziehung setzt eine lebendige Dynamik zwischen den ihrer Natur nach wechselseitig einander intransparenten »Du«-Positionen voraus. An der Stelle der dynamischen Beziehung erscheint jetzt ein starres Verhältnis. Im Rollengefüge des tibetischen Buddhismus nimmt der Lehrer eine Position ein, der Schüler eine andere. Mehr braucht nicht zu interessieren, was es einfacher macht, menschliche Verfehlungen entsprechend den üblichen kulturellen Standards zu ahnden.

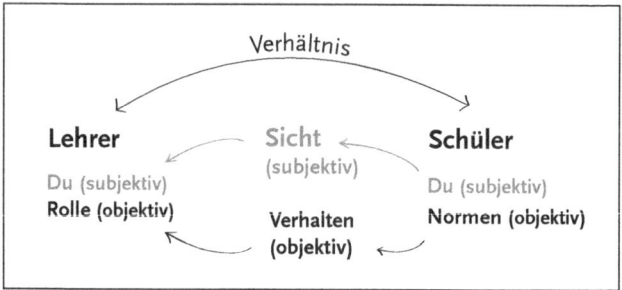

Abb. 7: Rollenverhältnis (Objektivierung): Die Funktion des Lehrers besteht hier primär darin, dass er seine Rolle korrekt ausübt, also die Lehren des tibetischen Buddhismus vermittelt. Läuft sein Verhalten den geltenden kulturellen Normen zuwider, hat er sein Amt niederzulegen. Subjektive Befindlichkeiten des Lehrers oder subjektive Sichtweisen der Schüler sind dabei unbedeutend, da den Normen ein objektiver Status zukommt.

Subjektivierung – Es kommt nicht darauf an, was der Lama ist, sondern wie du ihn siehst

Auch die zweite Variante, vertreten von Michael Schneider, nimmt ihren Ausgangspunkt in der Intransparenz der »Du«-Perspektive, löst das Problem jedoch auf umgekehrte Weise, also nicht mittels der Objektivierung des Rollenverhältnisses, sondern über die Subjektivierung der Perspektiven. Herr Schneider ist seit mehr als 20 Jahren bei Rigpa und hat in Lerab Ling das Dreijahres-Retreat absolviert und dort auch die vielschichtige Persönlichkeit Sogyals kennengelernt. Im Interview, das im Jahre 2013 geführt wurde, wird Herr Schneider gefragt, ob für ihn das Ausmaß der spirituellen Entwicklung seines Lehrers von Belang sei:

INTERVIEWER »Aber ein Lama muss nicht erleuchtet sein? Im Prinzip ist es jetzt für euch auch gar kein Thema, auf welcher Stufe der sich befindet?«

HERR SCHNEIDER »Ich sage es mal andersrum. Ob der Lama erleuchtet ist oder nicht, ist egal. Ob ich die Buddha-Qualitäten im Lama erkennen kann und dadurch meine Buddha-Qualitäten zum Vorschein bringe, das ist das Entscheidende. Das heißt also, es gibt einen Lama, der sagt, theoretisch könnten wir auch als Lama von einem Fleischverkäufer profitieren. Also, der Fleischverkäufer ist jemand, der eigentlich schlechtes Karma ansammelt oder Tiere tötet. Das Entscheidende ist ja nicht, was mit dem Lama ist, sondern das Entscheidende ist ja immer meine eigene Sicht. Der Buddhismus geht ja radikal davon aus, dass du nichts darüber sagen kannst, in welcher Form das Außen existiert. Sondern du kannst nur etwas über deine Wahrnehmung und wie du in die Welt guckst wissen. Und da gibt es ja sozusagen diese These, wenn ich die reine Wahrnehmung habe, dann kommt mir die Welt auch rein entgegen. Und daran arbeite ich. Das heißt, ich für mich will meinen Meister als Übungsfeld, und dann ist er sozusagen erleuchtet. Und daran übe ich mich.«

INTERVIEWER »Das ist faszinierend. Das ist der eigentliche Punkt.«

HERR SCHNEIDER »Und dann ist nicht die Frage, ist der erleuchtet, sondern sehe ich ihn so? Und dann merke ich, an wie vielen Stellen [lacht] ich meinen kritischen, bewertenden, beurteilenden Geist immer wieder hervorhole. Und dann, was weiß ich, wenn man sich Sogyal Rinpoche anguckt und denkt, warum ist der so dick? Kann der denn erleuchtet sein? Dann merke ich, aha, ich habe ein bestimmtes Konzept, dass ein dicker Mensch nicht erleuchtet sein kann. Na, dann werde ich es wohl auch nicht schaffen [lacht].«

INTERVIEWER »Ja, ja.«

HERR SCHNEIDER »Und wenn ich mein Konzept sozusagen befreie, da kann ein dicker, ein dünner, ein großer, ein kleiner Mensch erleuchtet sein.«

Die Antwort Herrn Schneiders ist in verschiedener Hinsicht bemerkenswert, da zunächst die Frage, ob der Lama erleuchtet sei oder nicht, als bedeutungslos zurückgewiesen wird (»Ob der Lama erleuchtet ist oder nicht, ist egal«). Demnach wären auch die hiermit verbundenen Gedanken oder Zweifel unsinnig, da es letztlich gar nicht darauf ankommt, ob der Lama erleuchtet ist oder nicht. Entscheidend sei vielmehr die eingenommene Reflexionsperspektive selber. Der Lama wird damit primär zum Übungsfeld, das dazu dient, eine Sicht auf die Welt zu kultivieren, die nicht von Wertungen geprägt ist. Herr Schneider bringt als Vergleichshorizont den »Fleischverkäufer«, der theoretisch ebenfalls als Lama und damit als Übungsobjekt genommen werden könne.

Ausschlaggebend ist also nicht, ob der Lehrer die ihm zugerechneten Fähigkeiten oder Tugenden wirklich hat, sondern von Belang ist die aus der Eigenperspektive eingeführte Reflexion, also das, was das Ich dem Du in Eigenleistung zurechnet. Der Lama ist in diesem Zusammenhang gleichsam ein Mittel zur Übung von unterscheidungs- und beurteilungslosem Sehen und Wahrnehmen, woraufhin sich der

Übende nach gegebener Zeit in der mimetischen Spiegelung selbst als rein und unbefleckt sehen kann. Wenn die Makel der Identifikationsfigur nicht mehr als problematisch angesehen werden, können entsprechend auch die eigenen Makel akzeptiert werden, und man gelangt zu einer Sicht, in der die Welt – und vor allem: man selbst in Beziehung zur Welt – gewissermaßen ungespalten und natürlich erscheint. Insofern dieses Selbst- und Weltverhältnis postuliert werden kann, gilt selbstredend, dass auch die Fehler des Lama als das gesehen werden können, was sie sind, als Schwächen, die Menschen nun mal haben können. Der Lama braucht entsprechend nicht als ein übermenschliches Wesen überhöht zu werden, ebenso wenig müssen seine Handlungen mit der Aura der Unfehlbarkeit aufgeladen werden.

Wir begegnen somit einer raffinierten Reflexionsperspektive, die sich zwar ihres artifiziellen Charakters gewahr ist, diese Perspektive aber gerade deshalb aufrechterhält, weil sich nur dadurch die Möglichkeit eröffnet, dass einem die hiermit verbundene Sicht wirklich erscheint: *Gerade weil* diese Sicht konstruiert ist, ist sie real. Interessant ist an dieser Stelle auch der Verweis auf Sogyal Rinpoches Leibesfülle (»Warum ist der so dick? Kann der denn erleuchtet sein?«). Zunächst liegt hier die Implikation nahe, dass der Lama seine Sinnesgelüste nicht in den Griff bekommt und also nicht als heilig betrachtet werden kann. In der anschließenden Reflexion stellt sich jedoch die Festlegung auf ein bestimmtes Konzept von Heiligkeit als das eigentliche Problem heraus, denn dieses Konzept würde den Praktizierenden an der eigenen Erleuchtung hindern (»Dann merke ich, aha, ich habe ein bestimmtes Konzept, dass ein dicker Mensch nicht erleuchtet sein kann. Na, dann werde ich es wohl auch nicht schaffen«).

Die Raffinesse der hier entwickelten Reflexionsperspektive liegt darin, dass sie die Möglichkeit einschließt, dass sich auch der Lama entsprechend den ethischen Standards der buddhistischen Lehren falsch verhält bzw. aus Unwissenheit agiert, weil er eben nicht erleuchtet ist. Zugleich werden die damit verbundenen Implikationen für die Praxis als bedeutungslos eingeklammert, da es nicht auf das Sein ankomme (das, was ist), sondern auf die eigene epistemische Haltung (wie ich den anderen bzw. die Welt sehe). Dies trägt konsequent der Einsicht Rechnung, dass die »Du«-Perspektive ohnehin immer unzugänglich bleiben muss. Strukturell kann die Erleuchtung bzw. der erleuchtete Meister damit nicht mehr als Seinszustand beschrieben werden, sondern als Reflexionsperspektive, die einem negativsprachlichen Bereich entliehen ist und in der Gegenwart einer konkreten Lebenspraxis epistemisch wirksam werden kann.

Es geht also um die Negation einer Sichtweise und nicht um die Negation eines bestimmten Sachverhaltes (in diesem Sinne brauchen die Missbrauchsvorwürfe weder abgestritten noch die mit der Evaluation der Tatsachen verbundenen Zweifel weggeschoben zu werden). In der auf diese Weise generierten Reflexionsperspektive darf der Lama heilig, erleuchtet und makellos wie auch zugleich unerleuchtet und triebgesteuert anmuten. Dies eröffnet für das eigene Handeln erhebliche Freiheitsgrade, denn man kann seine Beziehung zum Lama aufrechterhalten, auch wenn man dessen Verhalten missbilligt und sich entscheidet, manchen seiner Anweisungen nicht zu folgen, oder gar einige der Konsequenzen seines Verhaltens als fatal empfindet. Anders als bei Frau Schöller reduziert sich die Funktion des Lama hier also nicht nur auf eine formale Rolle, sondern schließt darüber hinaus weiterhin die Beziehung zu ihm ein.

Damit stehen bei der Kontexturanalyse vier Stellen im Zentrum der Leerstellengrammatik – die zwei subjektiven Pole von Ich und Du sowie die objektiven Pole des beobachtbaren Verhaltens zweier Körper. Die Analyse des mit Herrn Schneider aufscheinenden Arrangements zeigt, dass der Schnitt nun genau zwischen der positivsprachlichen Seite (man könnte hier im Anklang an die buddhistischen Traditionen auch von der »weltlichen Sphäre« sprechen) und der negativsprachlichen Seite (der »überweltlichen Sphäre«) – und zwar mithilfe einer vom jeweils anderen Seinsverhältnis aus unzugänglichen Subjektivität – gelegt wird. Die Begegnung mit dem anderen, geheimnisvollen und undurchdringlichen Du erscheint jetzt selbst als Transzendenz.

Diese Beziehungskonstellation ist dem westlichen Denken nicht unbekannt, man denke an die Emphase der »romantischen Liebe« in der kulturgeschichtlichen Epoche der Romantik.

Ganz in diesem Sinne beschreibt Herr Schneider dann auch in einem zweiten Gespräch, welches im Jahre 2018 geführt wurde, dass er Sogyal gewissermaßen »liebe«. Die eigentliche Tragödie, mit der er nun zurechtzukommen hat, besteht nach eigener Aussage darin, jemandem unendlich dankbar zu sein und ihn zu lieben, der offensichtlich auf schwerwiegende Weise die Erwartungen seiner Schüler enttäuscht hat.

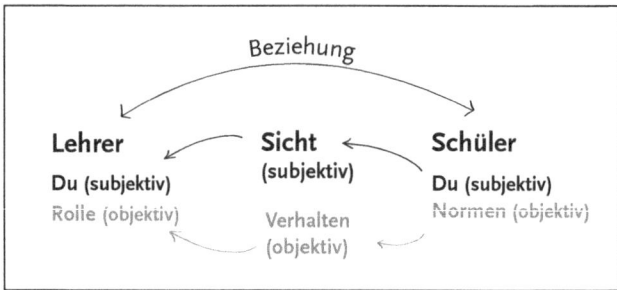

Abb. 8: Beziehung (Subjektivierung): Die Begegnung mit dem Lehrer eröffnet die Chance, den subjektiven Charakter seiner Sicht zu erkennen und infrage zu stellen. Auf diese Weise wird eine Beziehung möglich, die nicht auf oberflächlichen Stereotypen oder normativen Bewertungsmustern gegründet ist. Problematisches Verhalten des Gegenübers kann dennoch als solches wahrgenommen werden. Hiermit wird jedoch nicht die Beziehung als solche infrage gestellt.

Die Unvollkommenheit annehmen – Kritik und Liebe schließen sich nicht aus

Es ist wichtig, zu verstehen und entsprechend nochmals darauf hinzuweisen, dass das hier zum Ausdruck kommende Arrangement es weder notwendig macht, Tatsachen in Hinblick auf Sogyals Fehlverhalten zu negieren oder abzublenden, noch darauf basieren muss, den Lama als allmächtiges und unfehlbares Wesen zu stilisieren.

Dieses Arrangement gründet sich also nicht auf einer religiösen Form, die den Glauben an magische Kausalitäten und die Unfehlbarkeit des Lama voraussetzt. Wir landen vielmehr in einer Spiritualität, die sich in der Ungewissheit der »Du«-Perspektive und der hiermit einhergehenden Unsicherheit gründet. Phänomenologisch sind wir hier übrigens sehr nah an den Begriffen, welche das soteriologische Ziel des tibetischen Buddhismus formulieren: die Verbindung von Leerheit und Mitgefühl, von Absolutem und Relativem.

Hiermit ergibt sich jedoch eine etwas andere Deutung bzw. Besetzung dieser Begriffe, als es dem Common Sense unter den westlichen Schülern des tibetischen Buddhismus entspricht: Das Absolute würde damit nämlich für die Beziehung zu und Verbundenheit mit (einem) konkreten Menschen stehen, während das Relative die Kontingenz, die Vergänglichkeit und das prinzipielle Nichtwissen in Bezug auf die Entwicklung aller Phänomene markierte.

Arrangements des Glaubens oder Spiritualität des Nichtwissens
Hiermit kommen wir abschließend erneut zu den Bedingungen, welche die Entstehung eines bestimmten Arrangements ermöglichen oder hemmen. Welches sind die Bedingungen der Möglichkeit, dass in einer spirituellen Beziehung zwischen Schüler und Meister mitfühlende Liebe zur primären Rahmung wird? Welche Konstellationen begünstigen demgegenüber die übermenschliche Überhöhung des Lehrers und die Verfestigung magischer Kausalitätsannahmen?

Die von uns geführten Interviews lassen uns zunächst feststellen, dass Arrangements, die durch Zweifel oder gar Manipulationsverdacht geprägt sind oder umgekehrt von der Annahme einer nahezu gottgleichen Heiligkeit des Lama ausgehen, recht häufig in unserer Untersuchung vorkommen. Weniger häufig zeigt sich die Objektivierung der Lehren in der Trennung von Rolle und Mensch (hier beispielhaft dargestellt am Fall Frau Schöller), und in noch geringerem Maße (streng genommen nur einmal – nämlich im Fall von Herrn Schneider) stoßen wir auf ein Arrangement, in dem das Verhältnis von eigener Subjektivität und Liebe in den Vordergrund rückt.

Die Frage, warum in manchen Fällen das eine und in anderen Fällen das andere Arrangement entsteht, ist man auf den ersten Blick damit zu beantworten geneigt, dass die Willensakte und Haltungen einzelnen Personen zugerechnet werden. Auch die von Herrn Schneider vorgelegten Zitate scheinen zunächst nahezulegen, dass er sich eben selbst dafür entscheide, die Dinge so zu sehen.

Eine solche solipsistische Position mag zwar situativ in einzelnen Erzählungen angestrebt werden. Doch hier kann der nähere Blick auf die Leerstellengrammatik der von uns analysierten Arrangements schnell zeigen, dass man eine solche Perspektive nicht allein aufrechthalten kann. Will man es tun, bedarf es eines Geflechts weiterer Positionen.

Sich einsam und unter Ausschluss jeglichen Kontakts zu weiteren Menschen (seien es Schüler, Lehrer oder Gleichgesinnte) in eine Höhle zu begeben, um »sich selbst zu finden«, würde genauso wenig zu höchster Subjektivität erheben, wie der Versuch, sich selbst zu kitzeln, ein lustvolles Spiel evozieren könnte. Um es hier mit Emmanuel Lévinas zu formulieren:

»Die Liebe ist nicht eine Möglichkeit, sie verdankt sich nicht unserer Initiative, sie ist ohne Grund, sie überfällt uns und verwundet uns, und dennoch überlebt in ihr das Ich.«[81]

Schauen wir im abschließenden Kapitel deshalb nochmals differenzierter auf die Faktoren, welche die Ausprägung eines bestimmten Arrangements konditionieren.

---

81 Lévinas (1984, S. 59).

7 Verwirrte Spiritualität – Drei fundamentale Verwechslungen

Menschen, die sich tiefer auf den tibetischen Buddhismus einlassen, streben nach Transzendenz. Entsprechend bedeutsam sind für sie Erlebnisse oder Erfahrungen, welche als Indizien für Transzendenz genommen werden können. Die buddhistischen Lehren verweisen im Einklang mit den einschlägigen mystischen Traditionen darauf, dass dabei der Bereich des Unaussprechlichen betreten wird und insofern nun besser zu schweigen ist. Die Transzendenz ist nicht von dieser Welt, und mithin lässt sie sich nicht mit Worten ausdrücken, die immer nur auf weltliche Erfahrungen verweisen können. Das berechtigte Schweigegebot kann jedoch in der Weise falsch verstanden werden, dass es uns an falscher Stelle die Augen schließen lässt. Dies kann wiederum zu Missverständnissen führen, die zur Verwechslung von Immanenz und Transzendenz führen, womit ebenfalls an falscher Stelle Tabus gesetzt werden und entsprechend nicht begriffen wird, wann Nichtwissen eine Tugend darstellt und wann nicht. In diesem Fall bedarf es geschulter Lehrer, die aufgrund einer überlieferten Tradition diese Probleme kennen.

Schauen wir deshalb etwas systematischer auf die drei hier sich ergebenden Verwechslungen:

1. von immanenter Transzendenz und transzendenter Immanenz
2. von richtigem und falschem Schweigen
3. von illegitimer und berechtigter Blindheit.

Die systemische Betrachtung wird in Bezug auf die Leerstellengrammatik auch dabei wieder feststellen können, dass diese Verwechslungen zwar an einer konkreten Position geschehen – ein Mensch erlebt sie –, sich aber zugleich einem übergreifenden Arrangement verdanken. Erst hiermit kommt Rigpa im Hinblick auf seine Strukturdynamiken im Kontext des tibetischen Buddhismus als Ganzes in den Blick.

7.1 Immanente Transzendenz oder magisch aufgeladene Immanenz

Westliche Menschen wenden sich in der Regel nicht aus kulturellen, dogmatischen oder traditionalen Gründen buddhistischer Spiritualität zu, sondern weil sie Transzendenz erleben möchten.[82] Mithilfe meditativer Techniken und hypnotischer Instruktionen oder mithilfe einer paradoxe Formen verwendenden Kommunikation können in Verbindung mit einer entsprechenden Gruppendynamik leicht eindrucksvolle Erfahrungen induziert werden (zu nennen sind hier etwa Erlebnisse tiefen Friedens, umfassender Liebe oder des Mit-sich-selbst-und-der-Welt-im-Einklang-Seins). In der einschlägigen buddhistischen Quellenliteratur besteht weitgehend Einigkeit darüber,[83] dass diese Erfahrungen den Praktizierenden inspirieren und dazu motivieren, die eigene Praxis weiterzuverfolgen, diesen Erlebnissen selbst jedoch keinen tieferen spirituellen Wert beizumessen ist, da sie lediglich durch den Kontext der Übung bedingt und damit vergänglich sind.

Erleuchtung ist nichts, das man wirklich wünschen würde
Vielmehr wird betont – so etwa auch bei Gampopa, dem Gründer der Kagyü-Schule –, dass die subtilen Konzepte der Lehren des (tibetischen) Buddhismus erst begriffen werden können, wenn »die Bedeutung der Leerheit wirklich erkannt« wird,[84] also begriffen wird, dass jegliche Vorstellung und die hiermit einhergehenden Projektionen eben nur Vorstellungen und Projektionen darstellen. Dies gilt selbstredend auch für spirituelle Erfahrungen, magische Kausalitätsannahmen sowie die Auffassung, dass bestimmte Erlebnisse auf absolute oder ewige Wahrheiten verweisen würden. Hierbei ist auch zu beachten, dass der Gedanke, die Erfahrung von Liebe und Zeitlosigkeit sei Leerheit, noch auf einer recht groben konzeptionellen Ebene gelagert ist. Die tiefgründige Erfahrung von Leerheit beinhaltet vielmehr ein umfassenderes Verständnis, nämlich dass einfach alles – einschließlich des Glaubens an höhere Wahrheiten, spirituelle Errungenschaften, die Heiligkeit des Lamas, die Konzepte einer höheren Weisheit etc. – buchstäblich essenz- und sinnlos sind. Übrig bleibt allein die Einsicht in die karmischen Wirkungen der eigenen Projektionen und das Wissen von dem Leiden, das daraus entsteht.[85]

Da der Beginn dieser Einsicht krisenhaft und oftmals von Gedanken und Gefühlen der Depression und Verzweiflung begleitet ist,

---

82 Vgl. Knoblauch (2009).
83 Siehe bereits die *Vissudhi Magga des Buddhaghosa* (2003).
84 Gampopa (1996, S. 245 f.).
85 Siehe ausführlicher Vogd (2014b, S. 175 ff.) sowie Vogd und Harth (2015, etwa Abschn. III.3).

erscheint es verständlich, dass nur wenige Menschen dazu bereit sind, in diese Tiefen der buddhistischen Lehren wirklich einzudringen bzw. sie zu durchleben. Im Rahmen unserer Untersuchung sind wir zu dem Schluss gekommen, dass nur vereinzelt Menschen diese Einsicht auf der Basis eigener Erfahrungen gewinnen konnten. Gerade auch unter denen, die den tibetischen Buddhismus praktizieren – darunter auch Gesprächspartner, die ein Dreijahres-Retreat besucht haben –, zeigen sich allerdings vielfach noch Selbst- und Weltverhältnisse, die eher durch religiöse und magische Vorstellungen konditioniert erscheinen denn durch die Einsicht in die essenzlose und bedingte Natur aller Phänomene. Die Leerheit zu begreifen ist etwas anderes als die temporäre, oftmals ekstatisch erlebte Auflösung der Subjekt-Objekt-Grenzen. Es ist das Wissen, dass selbst diese Erfahrungen nur »gemacht«, also vergänglich sind, das uns lehrt, dies akzeptieren zu lernen. Diese Art des Durchschneidens von Hoffnungen und Illusionen ist nicht wirklich etwas, das man »wollen« möchte. »So verstanden« wirkt, wie auch Niklas Luhmann aus systemtheoretischer Perspektive reformuliert, »der Hinweis auf Transzendenz nicht beruhigend, sondern *beunruhigend*«).[86]

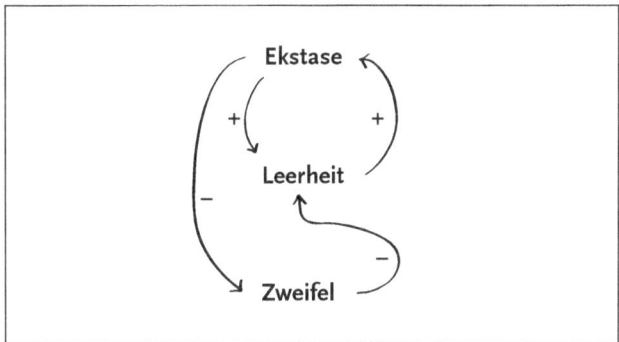

Abb. 9: Exklusion des Zweifels: Oftmals werden ekstatische Erfahrungen als Zweck und Ziel der spirituellen Praxis genommen (und dadurch mit der »Leerheit« verwechselt). In der Folge entsteht ein sich selbst bestätigender Kreis, der uns Zweifel und kritische Gedanken zurückdrängen lässt, und es bildet sich eine Form der Spiritualität, welche den Zweifel ausklammert und damit zu einer Art Spaltung führt, da nun ein Teil des Erlebens weggedrängt werden muss.

---

86 Luhmann (2000, S. 109; Hervorh. im Orig.).

Selbst Schüler, die seit 20 Jahren oder länger praktizieren, mögen zwar die Existenz oder gar Bedeutung dieser Konzepte kennen, haben sie aber nicht habituell verinnerlicht.

Hiermit bleibt aber die Gefahr bestehen, meditative Schlüsselerfahrungen mit der Transzendenz zu verwechseln, auf die hin es der buddhistische Pfad eigentlich angelegt hat. Redliche Lehrer dürfen an dieser Stelle nicht aufhören, ihre Schüler vor dieser Gefahr zu warnen. Sie sollten nicht müde werden, darauf hinzuweisen, dass selbst die erhabensten Meditationserlebnisse vergänglich sind. Ebenso sollten sie jedes Ansinnen, ihrer Person Heiligkeit, Allmächtigkeit und Unfehlbarkeit zuzuschreiben, vehement zurückweisen. Dies schützt sie freilich nicht davor, weiterhin den Wunschprojektionen ihrer Schüler ausgeliefert zu sein.

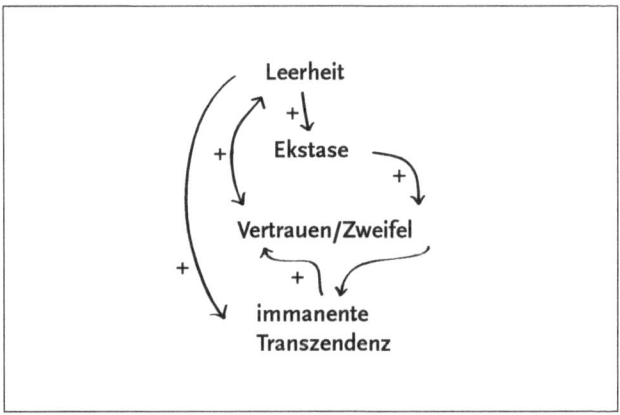

Abb. 10: Inklusion des Zweifels: Die sogenannte Erfahrung von Leerheit mag auch mit ekstatischen Zuständen einhergehen, doch der Praktizierende hat gelernt, auch diese Erlebnisse als vergänglich zu sehen. Die transzendente Überhöhung dieser Erfahrung wird in der Folge angezweifelt, was dazu führt, im Beziehungsgeflecht der Gegenwart bleiben zu können (immanente Transzendenz). Entsprechend wächst das Vertrauen, dass auch der Zweifel in Ordnung ist und Spiritualität nicht aus ekstatischen Erlebnissen besteht. Als Konsequenz nimmt die Fähigkeit zu, den Fluss der Gegenwart vorurteilsfrei zu betrachten, auch wenn unangenehme und verstörende Dinge geschehen.

Es lässt sich zunächst zusammenfassen: Meditative Erfahrungen sind Evidenzerlebnisse, die oftmals als Zeichen für die Begegnung mit einer höheren Wirklichkeit genommen werden. Entsprechend stark motivieren sie den Schüler, mit seinen Übungen fortzufahren. Bis zur tiefgründigen Einsicht in die Essenzlosigkeit aller Konzepte, Vorstellungen und Kausalannahmen erscheinen diese Erfahrungen allerdings ihrer Natur nach ambivalent. Einerseits motivieren sie den Schüler zur Aufrechterhaltung der spirituellen Praxis und geben ihr entsprechend Sinn, andererseits legen sie magische Kausalannahmen nahe, die von nun an mit einer trügerischen Evidenz verbunden werden.

Wir landen nun entsprechend bei einer Weichenstellung. Der eine Weg führt in die immanente Transzendenz buddhistischer Spiritualität, der andere Weg in die religiöse Verklärung einer magisch aufgeladenen Immanenz (synonym mit transzendenter Immanenz, vgl. Abb. 7). Erstere erlaubt es auch, den Zweifel systematisch zu integrieren, da er jetzt ebenfalls als ein inhärenter Bestandteil der veränderlichen menschlichen Bewusstseins- und Beziehungsflüsse erscheint.

Was konditioniert aber nun die weiteren Weichenstellungen auf dem spirituellen Pfad?

Zu nennen sind hier zunächst die Lehren des tibetischen Buddhismus, wie sie in den kanonischen Texten zu finden sind, und die zeitgenössischen Kommentare ihrer lebendigen Interpreten. Eine wichtige Rolle spielen darüber hinaus die Institutionen des tibetischen Buddhismus, allen voran der Dalai Lama, aber auch die Linienhalter der vier großen Schulen (Linienhalter, das sind die als Führer ihrer Schulen anerkannten Reinkarnationen) sowie andere renommierte Lamas, denen ein Grad an spiritueller Verwirklichung zugeschrieben wird.

Die Ambivalenz der tibetischen Lehren

Es ist wichtig zu verstehen, dass die Ambivalenz zwischen immanenter Spiritualität und magisch verklärter Religiosität nicht erst im tibetischen Buddhismus auftaucht, sondern bereits in den indischen Lehren des Mahāyāna-Buddhismus angelegt ist. Da sich diese Lehren nicht nur an eine kleine Elite von Mönchen wenden sollten, welche tief in die buddhistischen Lehren einsteigen konnten, wurden Zeremonien und Rituale entwickelt, die auch dem einfachen Volk grundlegende Aspekte der buddhistischen Haltung nahebringen sollten.

Wohlwollendes Patronat oder illegitime Verklärung von Macht

Die zentrale Reflexionsfigur für die Integration neuer, ursprünglich dem Buddhismus eher zuwiderlaufender volksreligiöser Elemente ergibt sich aus dem Begriffspaar »Weisheit« (Sanskrit: *Prajñā*) und »geschickte Mittel« (Sanskrit: *Upāya*), das in der tibetischen Ritualistik durch die Glocke (Sanskrit: *ghanta*) und das Diamantzepter (Sanskrit: *vajra*; tibetisch: *dorje*) symbolisiert wird. Die Weisheit oder grundlegende Erkenntnis schließt an die buddhistische Einsicht an, dass keine Erscheinung eine Essenz in sich selbst hat, sondern dass Erscheinungen erst durch den geistig-körperlichen Prozess konstruiert werden und damit vergänglich sind.

Unter »geschickten Mitteln« lässt sich im Sinne eines wohlwollenden Patronats eine Haltung verstehen, auch denjenigen Menschen zu Glück verhelfen zu wollen, die noch nicht fähig, bereit oder willens sind, die tiefgründige Wahrheit des Buddhismus zu verstehen. Aus dieser Perspektive kann nahezu jede religiöse, magische und rituelle Praxis in die buddhistischen Lehren integriert werden, sofern sie in den Kontext des »Vorläufigen« gestellt werden kann. Während beispielsweise in den frühen buddhistischen Schriften des Pāli-Kanons Astrologie und Gebete zur Erlangung weltlichen Wohls noch deutlich als Aberglaube abgelehnt wurden, werden in den Lehren des heutigen tibetischen Buddhismus diese und andere Formen als Mittel dafür benutzt, Menschen dazu zu motivieren, sich selbst dann in die buddhistische Kultur einzubringen, wenn sie intellektuell und emotional nicht in der Lage sind, die eigentliche Essenz der buddhistischen Lehren zu begreifen.[87] Die gute Absicht rechtfertigt in einigen Schulen auch den Einsatz dramatischer Mittel und transgressiven Verhaltens des Lehrers, wie insbesondere in der Figur der »verrückten Weisheit« deutlich wird.

Grundlegend beruht die Konzeption der geschickten Mittel also auf einer starken Rollendifferenzierung zwischen einer kleinen spirituellen oder religiösen Elite auf der einen Seite, von der angenommen wird, dass sie erleuchtet ist und dementsprechend die eigentliche Wahrheit kennt. Dieser Elite steht auf der anderen Seite eine unwissende Bevölkerung gegenüber, die nur dann bereit ist, dem Buddhismus zu folgen, wenn die spirituellen Führer an ihre Bedürfnisse und Glaubensinhalte anknüpfen können, wenngleich diese zunächst den buddhistischen Lehren entgegenstehen.

---

87 In der buddhistischen Ideengeschichte ereignet sich an dieser Stelle der Bruch zwischen den Theravadins, welche die Reinheit und Radikalität der ursprünglichen Lehre aufrechterhalten wollten, und dem mehr am Volksglauben orientierten Mahāyāna-Buddhismus; vgl. Conze (1983).

7.1 Immanente Transzendenz oder magisch aufgeladene Immanenz

Die dadurch gegebene Asymmetrie zwischen Lehrer und Schüler wird, wie bereits im Kapitel 2 zur Einführung in den tibetischen Buddhismus dargestellt, nochmals dadurch pointiert, dass entsprechend den kanonischen Texten der hohe Lama als ein Wesen angesehen wird, das nicht mehr aus egoistischen Motiven handelt, sondern allein aus Mitgefühl für andere Menschen wieder auf die Erde gekommen ist. Im tibetischen Buddhismus bestehen nicht nur recht detaillierte Beschreibungen darüber, was im Sterbeprozess und nach dem Tode geschieht,[88] sondern es gibt auch Meditationsanweisungen, welche den hohen Lama angeblich befähigen, in einem Zwischenzustand von Leben und Tod zu verweilen.[89] Deswegen ist er fähig, in die Zukunft zu sehen, bewusst über seine Wiedergeburt zu entscheiden und zudem den Tod seines alten physischen Körpers mit wundersamen Erscheinungen zu feiern, etwa dem Zerstrahlen in einen Regenbogenkörper.[90] Neben den fantastischen Geschichten der Hagiografien der Gründungsväter des tibetischen Buddhismus bezeugen zudem viele tibetische Lamas (allerdings kaum westliche Schüler) solche aus westlicher Perspektive übernatürlich erscheinenden Phänomene.

Während etwa die einschlägigen kanonischen Schriften des Zen-Buddhismus metaphysische Spekulationen über magische Kausalitäten sowie über ein Leben nach dem Tod vermeiden und als irrelevant zurückweisen, bleibt der tibetische Buddhismus – eben hierin anders als das Zen, das die Transzendenz vollständig in die Immanenz des Hier und Jetzt zurückverlagert – in der Weise ambivalent, dass einerseits genau diese radikale Immanenz auch in seinen Lehren als Ideal formuliert wird, andererseits aber eine Vielzahl von Transzendenzen postuliert werden, die nicht gewusst, sondern nur konstruiert und geglaubt werden können.

Der trügerische Trick objektivierter Transzendenz

Vor dem Hintergrund der Konditionierung der Positionen innerhalb der Leerstellengrammatik ergibt sich darüber hinaus folgendes Bild: Wer sich auf die tibetischen Lehren des Buddhismus einlässt, landet unweigerlich bei einem Stellengefüge, dessen Positionen sowohl durch objektive (also intersubjektiv geteilte und evaluierbare) wie

---

88 Vgl. Thurman (2003).
89 Vgl. Thompson (2015, pp. 293 ff.).
90 Siehe beispielsweise die diesbezüglichen Ausführungen in Norbu (2012).

auch durch subjektive (nur durch Zurechnung konstruierbare) Werte besetzt werden.

Die Existenz der kanonischen Texte sowie die Berichte und Kommentare Dritter (etwa von anderen Schülern und Anhängern) sind eine unbestreitbare Tatsache. Demgegenüber stoßen Versuche, die in den Texten und Berichten formulierten magischen Kausalzusammenhänge zu evaluieren, schnell an eine Grenze. So lassen sich zwar bei fortgeschrittenen Praktizierenden durchaus eindrucksvolle Biofeedbackprozesse feststellen (etwa die gezielte Erhöhung der Körpertemperatur und die Evokation bestimmter Hirnzustände).[91] Bei den Kausalbehauptungen, welche die Grenzen von Raum, Zeit und Tod übergreifen, stellt sich die Sache jedoch anders dar. Die Inhalte der Behauptungen können nicht beobachtet werden, und sofern vermeintliche Beweismittel vorliegen, gestattet der tibetische Klerus es nicht, sie mit wissenschaftlichen Methoden untersuchen zu lassen (so haben etwa die Linienhalter der Karma-Kagyü-Schule es bislang nicht erlaubt, den Brief des 16. Karmapa, der den Ort und die Umstände seiner nächsten Reinkarnation vorausgesagt hat, von unabhängiger Seite mit forensischen Mitteln auf Echtheit zu untersuchen).

Freilich bleiben die Bezeugungen und Berichte Dritter eine Tatsache. Es ist jedoch zu beachten, dass nur die Tatsache des Berichts – des performativen Sprechakts – als objektiver Sachverhalt evaluierbar ist, nicht aber der proponierte Sachverhalt. Angesichts der prinzipiellen Unzugänglichkeit der »Du«-Perspektive gilt, dass sowohl die Sicht als auch die Aussage eines anderen angezweifelt werden können. So lässt sich sagen, der andere habe sich getäuscht oder er täusche gar bewusst die Zuhörer (in diesem Sinne sagen auch die Lamas, welche Thaye Dorje für die richtige Inkarnation des 16. Karmapa halten, dass der Brief des 16. Karmapa, welcher Urgyen Trinley Dorje als Karmapa vorhersagt, eine Fälschung sei, seine Unterstützer also lügen würden).

Die Kontexturanalyse kann hier nur feststellen, dass hinsichtlich der den Raum und die Zeit überschreitenden Transzendenzen keine Gewissheit erlangt werden kann, jedoch feststellbar ist, dass entsprechende Kausalzusammenhänge behauptet werden. Ferner lässt sich konstatieren, dass weitere Personen in performativen Sprechakten die Authentizität und Glaubwürdigkeit der Sprecher bestätigen, sodass auf diese Weise ein Arrangement erscheint, in

---

[91] Siehe zur Meditationsforschung etwa Lutz, Dunne und Davidson (2007).

dem das Gesagte mit einer Aura von Faktizität umgeben wird, die manchmal wirklicher erscheint als die eigenen Wahrnehmungen, welche diese Sicht anzweifeln.[92]

Der Wille zum Glauben und die Gruppe, welche den Glauben bestätigt
Wenngleich die Leerstellengrammatik im Sinne der eingangs angeführten Weichenstellung Positionen beinhaltet, die die magische Sicht unterstützen, aber zugleich anzweifeln, kann in Kombination der benannten Faktoren eine soziale Dynamik entstehen, welche die erstere Position eindeutig affirmiert und die zweite Position an den Rand drängt. Eindrücklich illustrieren lässt sich dies durch den Bericht und die Reflexion von Batchelor über ein vermeintliches Wunder, das er 1973 in Dharamsala, dem Sitz der tibetischen Exilregierung, erlebt hatte:

> »Und dann gab es plötzlich einen mordsmäßigen Krach. Der Regen hämmerte auf die Wellblechdächer der anderen Seite der Library und übertönte die Worte des Dalai Lama. Der Lärm hielt mehrere Minuten an. Der Lama am Berghang stampfte mit seinen Füßen, blies in seine Hüftknochen und bimmelte immer heftiger mit seiner Glocke. Die schweren Regentropfen, die auf die Würdenträger und die Menschenmenge herabfielen, hörten abrupt auf.
>
> Nachdem der Dalai Lama gegangen war und die Menge sich zerstreut hatte, gesellte ich mich zu einer kleinen Gruppe Mitinjis. In ehrfurchtsvollem Ton diskutierten wir darüber, wie der Lama namens Yeshe Dorje den Sturm daran gehindert hatte, uns alle zu durchnässen. Ich hörte mich sagen: ›Und man konnte den Regen rings um uns herum weiter hören: drüben bei der Library und auch dahinter bei den Regierungsgebäuden.‹ Die anderen nickten und lächelten in ehrfürchtigem Einverständnis.
>
> Schon während ich sprach, wusste ich, dass ich nicht die Wahrheit sagte. Ich hatte keinen Regen auf den Dächern hinter mir gehört. Nicht einen Tropfen. Doch um überzeugt zu sein, dass der Lama den Regen mit seinen Ritualen und Sprüchen verhindert hatte, musste ich glauben, dass er einen magischen Schirm errichtet hatte, um die Menschenmenge

---

92 Siehe in diesem Zusammenhang auch unsere Untersuchungen zum »bewussten Sterben im Diamantweg–Buddhismus«; auch hier verzahnen sich Evidenzen mit Kausalannahmen, die durch performative Sprechakte bestätigt werden (Vogd, Harth u. Ofner 2015).

vor dem Sturm zu schützen. Sonst wäre das, was geschehen war, nicht so außergewöhnlich gewesen. Wer hat noch nicht erlebt, wie in kurzer Distanz Regen fällt, während man selbst auf trockenem Boden steht? Vielleicht hatte sich nur ein lokaler Regenguss auf den nahen Berghang entladen. Aber niemand von uns hätte es gewagt, eine solche Möglichkeit anzudeuten. Denn das hätte uns gefährlich nah daran gebracht, die Macht des Lama infrage zu stellen und damit gewissermaßen das ganze ausgeklügelte Glaubenssystem des tibetischen Buddhismus.

Noch mehrere Jahre lang ging ich mit dieser Lüge hausieren. Es war mein Lieblingsbeispiel (das einzige) für die übernatürlichen Kräfte der tibetischen Lamas, das ich selbst miterlebt hatte. Aber wann immer ich es erzählte, fühlte es sich seltsamerweise nicht wie eine Lüge an. [...] Meine Worte kamen spontan aus meinem Herzen aufgrund der leidenschaftlichen Überzeugungen, die wir miteinander teilten. Auf sonderbare Weise fühlte es sich nicht so an, als hätte ›ich‹ sie ausgesprochen. Es war, als ob etwas viel Größeres, etwas, das uns alle überragte, durch mich sprach.[93]

An dieser Stelle wird deutlich, wie sich performative Sprechakte, Gruppenprozesse und religiös-magische Sichtweisen in einer Weise bestätigen, dass selbst widersprechende Wahrnehmungen und das Gewahrsein des eigenen Lügens nicht die Faktizität der aufgebauten Konstruktionen infrage stellen. Wir landen bei einem rekursiven, sich selbst bestätigenden Zirkel: Man *will* die Sache glauben, weil sie für einen eine höhere Wahrheit bedeutet.[94] Sie ist eine höhere Wahrheit, weil man sie sich in der Gemeinschaft der Praktizierenden gegenseitig bestätigt hat.

Es ist an dieser Stelle nochmals wichtig zu betonen, dass es sich bei den westlichen Schülern des tibetischen Buddhismus in der Regel um intelligente, selbstbewusste Menschen handelt, die keineswegs ihren Verstand verloren haben oder einer »Gehirnwäsche« durch Hypnose ausgesetzt worden sind. Wir haben es vielmehr mit vollkommen normalen Prozessen zu tun, die alle Menschen erleben, die durch Worte und Konzepte beeindruckbar sind, die den Sinn von Worten, welche andere Menschen sagen, nachempfinden können und für die also performative Sprechakte etwas bedeuten. Oder, um es mit Herrn Klemmer zu pointieren:

---
93 Batchelor (2012, S. 16 f.).
94 Mit William James (1975) wird gerade im »Willen zum Glauben« die eigentliche Leistung religiöser Systeme deutlich, die nun darin liegt, kontrafaktisch zu einer ansonsten sinnlosen Welt ein besseres Selbst- und Weltverhältnis aufzubauen.

7.1 Immanente Transzendenz oder magisch aufgeladene Immanenz

HERR KLEMMER »Wenn 1000 Leute auf einem Retreat sagen: ›So ist es‹, und man sagt: ›Nein, so ist es nicht‹, kommt man arg ins Zweifeln, ob man nicht ein bisschen komisch ist.«

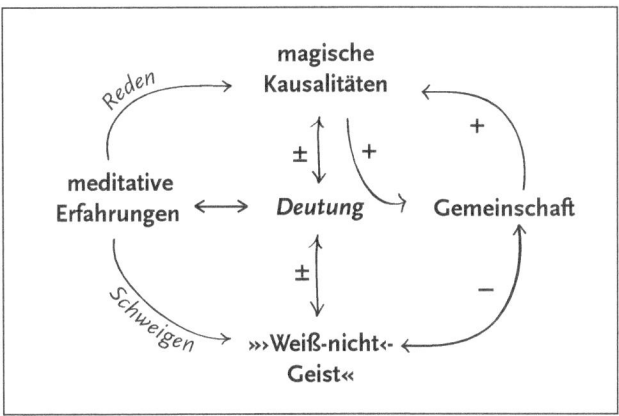

Abb. 11: Modus der Religion oder immanente Transzendenz: Indem die Macht des Lama bezeugt wird, wird die Gemeinschaft, welche an die magische Kausalität glauben möchte, bestärkt, was wiederum Deutungen nahelegt, Dinge als magisch zu betrachten, welche auch auf natürliche Weise geklärt werden könnten. Eine Schlüsselstellung in diesem Prozess nehmen meditative Transzendenzerfahrungen ein. Diese Erlebnisse können in zweierlei Weise gedeutet werden, nämlich als Hinweise auf eine höhere, verborgene religiöse Wirklichkeit oder als eine Erfahrung unter anderen, wobei dann ihre spirituelle Bedeutung fraglich bleibt. Die Haltung zu magischen Kausalitäten führt zu einer Gabelung in zwei Wege: einerseits zur Religion (prinzipiell nicht beweisbare Kausalzurechnungen werden vorgenommen, die dann geglaubt und in der Gemeinschaft der Glaubenden geteilt werden können); andererseits zu einer Haltung, welche jegliche Bedeutungszuweisung suspendiert. Der Zen-Buddhismus spricht hier vom »Weiß-nicht«-Geist. Wenngleich die Festigung des »Weiß-nicht«-Geistes das eigentliche Ziel der buddhistischen Schulung darstellt, bleibt für viele Schüler jedoch der religiöse Modus attraktiv, da hier noch etwas besteht, worüber man miteinander reden kann (der »Weiß-nicht«-Geist ist tendenziell »einsam«, er liegt im Bereich des Unaussprechlichen und ist somit weniger gesellig als die magischen Kausalitäten).

Performative Akte der Selbstbestätigung erfolgreicher Institutionen

Nicht zu unterschätzen sind in diesem Zusammenhang auch die Institutionen des tibetischen Buddhismus, die ihrerseits Sprecherpositionen – allen voran die des Dalai Lamas – mit hoher Autorität ausgestattet haben. Es ist für unsere Untersuchung wichtig, nochmals darauf hinzuweisen, dass der Dalai Lama mehrmals Zentren von Rigpa besucht hatte und gegenüber Sogyal Rinpoche trotz bestehender Missbrauchsvorwürfe bis 2017 loyal gewesen war. Ein Grund hierfür ist sicherlich die Selbstimmunisierung des Erfolges. Je mehr Zentren bestehen, je mehr Schüler dort eine langjährige Ausbildung im tibetischen Buddhismus absolvieren und je bekannter Rigpa und sein Gründungsvater Sogyal Rinpoche in der Öffentlichkeit sind, desto mehr steht der tibetische Buddhismus als Ganzes auf dem Spiel, da er nun von beiden *pars pro toto* repräsentiert wird. Entsprechend hoch ist der Preis, der dafür zu zahlen ist, falls das Arrangement der Affirmation umzukippen droht.

Hier gilt dann wie in anderen großen Organisationen: Solange sie wie auch ihre Repräsentanten nicht von anderen Sprechern mit ebenso großer Autorität kritisiert werden, bleibt das Arrangement stabil. Umgekehrt lassen sich despektierlichen Berichten von Aussteigern leicht unlautere Motive zuweisen, und ebenso gibt es auch gute Gründe, kritischen Medienberichten nicht immer zu vertrauen.

Auch für Rigpa begann das Arrangement erst dann zu kippen, als Vertraute aus dem innersten Kreis und in der Folge auch der Dalai Lama sich öffentlich von Sogyal Rinpoche abgewendet haben. Wenngleich auch für diese Sprecher gilt, dass ihnen die fremde »Du«-Perspektive (auch die Sogyals – vielleicht mag er ja wirklich nur aus selbstlosen Motiven gehandelt haben, keiner kann es wissen) unzugänglich bleibt, ändert sich durch die performativen Sprechakte dieser deutungsmächtigen Akteure schlagartig die Konstellation der Positionen im Arrangement. Für die Mitglieder von Rigpa ist von nun an etwas anderes der Fall – wenngleich nicht unbedingt für alle dasselbe. Sei es, dass man sich empört von Sogyal abwendet, sei es, dass man von nun an rigide zwischen den verkündenden Lehrern und den Lehren trennt oder gar die Botschafter der Kritik als Verräter verunglimpft, um in sektiererischer Schließung die alte Version von Rigpa behalten zu können – eines ist diesen Varianten gemein: Sie sind durch einen Riss, durch eine Wunde gezeichnet.

7.2 Richtiges und falsches Schweigen

Hiermit kommen wir zur zweiten Verwechslung, die darum kreist, wann Schweigen und wann Reden angebracht ist. Schweigen ist ein Anzeichen von Heiligkeit. Aus guten Gründen schließt Wittgenstein seinen Tractatus mit den Worten »Wovon man nicht sprechen kann, darüber muss man schweigen«, um damit zugleich auf etwas jenseits der Worte zu verweisen: »Es gibt allerdings Unaussprechliches. Dies *zeigt* sich, es ist das Mystische.«[95]

Mit Wittgenstein lassen sich hier zwei Sphären unterscheiden. Die erste ist die Welt der Tatsachen, also »alles, was der Fall ist« und worüber wir Sätze bilden können, deren Wahrheitsgehalt intersubjektiv überprüft werden kann. Sätze wie »Sogyal lebt opulent« oder »Sogyal ist während seiner Retreats mit einer Schar hübscher junger Damen umgeben«, mögen zwar von Menschen, die das nicht gesehen haben, angezweifelt werden. Doch mit einem gewissen Aufwand und nach Festlegung entsprechender Kriterien lässt sich der Geltungsbereich dieser Aussagen verifizieren (so lassen sich etwa unabhängige Zeugen befragen und Dokumente wie Einkaufslisten und Fotos anschauen). Im Hinblick auf bestimmte Aspekte können zwar weiterhin Zweifel bestehen. Dies ändert jedoch nichts daran, dass es sich bei dem Gegenstand des Zweifelns um Tatsachen handelt.

Die zweite Sphäre beinhaltet demgegenüber all das, was *nicht* der Welt der Tatsachen angehört. Auch wenn es zunächst kontraintuitiv erscheint, ist hier zunächst die eigene Subjektivität zu nennen (also die Erfahrung, *etwas* zu erleben), darüber hinaus selbstredend auch die fremde »Du«-Subjektivität. Wenngleich uns selbst intim vertraut, so hat bislang noch kein Wissenschaftler im Gehirn oder sonst wo auf der Welt ein »Ich« oder »Subjekt« entdecken können. In diesem Sinne ist es logisch vollkommen konsequent, wenn Wittgenstein schreibt: »Das Subjekt gehört nicht zur Welt, sondern es ist eine Grenze der Welt.«[96] Gotthard Günthers Theorie der Polykontexturalität, der die Methodologie unserer Untersuchung folgt, beschreibt die von Wittgenstein benannte Grenze als den Abbruch einer Kontextur, um hiermit ebenso auf den Bereich des Unaussprechlichen zu verweisen:

---

95 Wittgenstein (1990, 7, 6.522).
96 Wittgenstein (1990, 5.632).

»Leben und kontextureller Abbruch im Wirklichen sind nur zwei verschiedene Ausdrücke für denselben Sachverhalt. Was jenseits des Abbruchs liegt, ist schlechterdings unzugänglich. Was hiermit gemeint ist, muss jedem sofort deutlich werden, wenn wir auf eine ganz alltägliche Erfahrung hinweisen. Für jedes erlebende Ich ist die innerste Privatheit der Du-Subjektivität ein ebenso unzugänglicher Raum wie die mythologischen Dimensionen, in denen die himmlischen Heerscharen schweben. In beiden Fällen stehen wir am Rande eines Kontexturabbruches, der in keinem Fall größer oder geringer ist als in dem anderen.«[97]

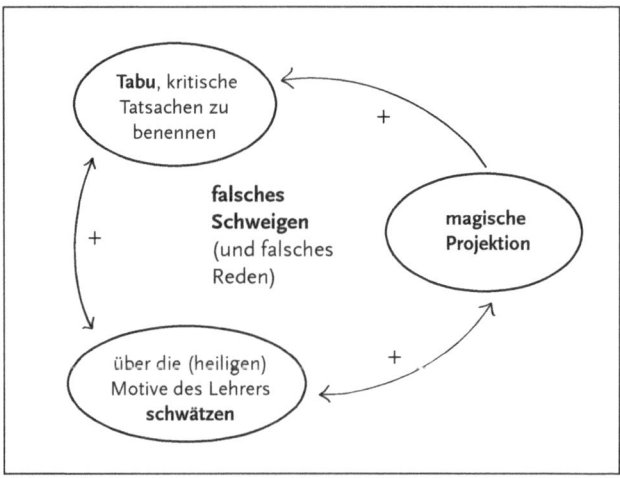

Abb. 12: Falsches Schweigen: Die falsche Rede – die schnell zum geschäftigen Geschwätz des Anhängers mutiert – über die geistigen Fähigkeiten oder die heiligen Motive des Lehrers (niemand kann in ein fremdes Bewusstsein hineinschauen) fördert magische Projektionen. Beides bestärkt wiederum das Tabu, kritische Fragen zu stellen, und die Haltung, bei den immer offensichtlicher werdenden Tatsachen lieber wegzuschauen.

Mit Wittgenstein und Günther ergibt sich ein klares Kriterium, das es uns ermöglicht, zwischen richtiger und falscher Rede und somit zwischen richtigem und falschem Schweigen unterscheiden zu können:

- Richtiges Schweigen weiß, dass sich über die innerste Privatheit der »Du«-Subjektivität ebenso wenig sagen lässt wie über die Transzendenz, auf welche die buddhistischen Lehren zielen.

---

97 Günther (1975, S. 61 f.).

In beiden Fällen kann sich ihre Bedeutung nur zeigen. Im Hinblick auf die Welt der Tatsachen ist demgegenüber nichts ausgeschlossen, worüber sich nicht reden lässt.
- Falsches Schweigen legt demgegenüber ein Tabu über weltliche Sachverhalte, die nicht angesprochen werden dürfen – und falsche Rede behauptet demgegenüber das Unmögliche, nämlich wissenden Zugang zur Innerlichkeit einer fremden »Du«-Perspektive (oder einer außerweltlichen Transzendenz) zu haben.

Welche Formen der Rede und des Schweigens zeigen sich bei Rigpa? In Bezug auf den Umgang mit dem Vorwurf des Missbrauchs lässt sich beobachten, dass die Untersuchung von Tatsachen sowie die aufklärende Kommunikation bekannter Sachverhalte von der Organisation von Rigpa aktiv unterbunden wurden. Insbesondere die Aussagen von Olivier Raurich, dem ehemaligen Direktor von Rigpa in Frankreich, sind diesbezüglich recht instruktiv:

> »Ich habe mich vor allem für buddhistische Lehren interessiert. Ich habe mit dem Team der Instruktoren Praxisseminare und all diese Art von Dingen organisiert. Wir haben gute Arbeit bei der Verbreitung des Buddhismus geleistet. Das hat mich dazu veranlasst, so lange zu bleiben. [...] Dann erschien 2011 ein Artikel in *Marianne* – danach entschied sich Sogyal Rinpoche, nicht an den Meditationsretreats für Anfänger in Lerab Ling teilzunehmen.
>
> Viele Menschen sind gegangen. Rigpa bezahlte eine sehr teure professionelle Agentur in Paris, die sich auf Krisenkommunikation spezialisiert hat, um einige Sprecher, darunter auch mich, auszubilden, damit sie auf die Vorwürfe der sexuellen Belästigung und des finanziellen Missbrauchs reagieren können. Uns wurde geraten, keine Fragen zu beantworten, sondern immer wieder bestimmte Schlüsselsätze zu wiederholen – und den Dalai Lama so weit wie möglich zur moralischen Unterstützung zu zitieren.« (Übers. aus dem Engl.: W. V.)[98]

---

98 Hier der englische Originaltext: »I was primarily interested in Buddhist teachings. I hosted internships and that side of things, with the team of instructors. We did a good job of spreading Buddhism. That's what made me stay so long. [...] Then in 2011, an article appeared in *Marianne* – after this Sogyal Rinpoche decided not to appear at the meditation retreats for newcomers at Lerab Ling.
  Many people left. Rigpa paid a very expensive professional agency in Paris, specialising in crisis communication, to train a few spokesmen, including myself, to respond to the allegations of sexual harassment and financial abuse. We were advised not to answer questions, but rather to endlessly repeat certain key phrases – and to quote the Dalai Lama as much as possible for moral support.« Aus: *Marianne:* »Bouddhisme: L›imposture Sogyal

7 Verwirrte Spiritualität

Ohne dass mam sich ein Urteil über das Ausmaß und die moralische Bewertung der vorgeworfenen Verfehlungen von Sogyal anmaßen muss, lässt sich also feststellen: Es wurden in systematischer Weise Tatsachen geleugnet, verschleiert und ihre Aufklärung behindert. Was die Menschen aus dem inneren Kreis von Rigpa trotz offensichtlicher Zweifel an der Integrität des Meisters festhalten lässt, ist die Teilhabe an etwas Größerem – den buddhistischen Lehren und ihrer Verbreitung im Westen. Die Religion und ihre erfolgreichen Institutionen übertrumpfen die objektiven Evidenzen der eigenen Wahrnehmung.

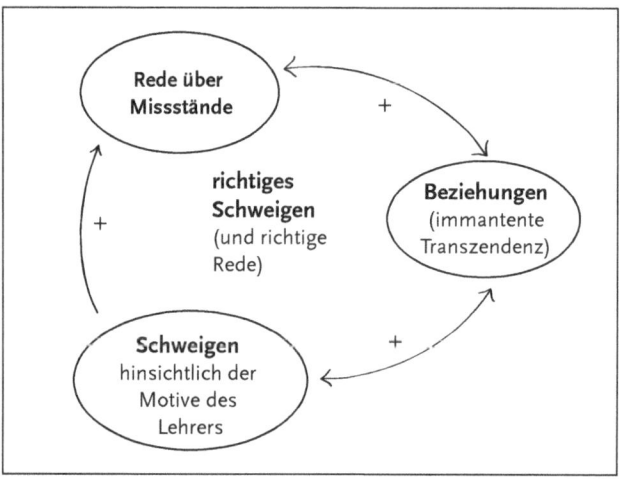

Abb. 13: Richtiges Schweigen: Wenn man sich aller Motivunterstellungen hinsichtlich der fremden »Du«-Perspektive enthält (= richtiges Schweigen), werden die Beziehungen frischer, lebendiger und reichhaltiger, da sie nicht mehr durch falsche Projektionen überlagert werden. Genau dies ermöglicht es wiederum, ehrlich über Missstände zu reden, denn in offenen Beziehungen ist es kein Tabu, Probleme anzusprechen.

Demgegenüber finden sich in den offiziellen Stellungnahmen (ebenso in den Interviews, die wir mit aktiven Mitgliedern von Rigpa geführt haben) eine Vielzahl von Aussagen zur Haltung und Gesinnung von Sogyal. Hiermit werden also Behauptungen in Bezug auf eine un-

---

Rinpoché«, par Elodie Emery, publié le 25.2.2016. Verfügbar unter: https://buddhismcontroversy-blog.com/2016/03/09/sogyal-rinpoche-rigpa-an-interview-with-the-former-director-of-rigpa-france-olivier-raurich/ [1.12.2018].

zugängliche »Du«-Perspektive, nämlich Sogyals Innerlichkeit, als zugänglicher Sachverhalt dargestellt. Von außen betrachtet, lässt sich nicht der Verdacht von der Hand weisen, dass vor dem Hintergrund des Wissens über die Unzugänglichkeit der »Du«-Perspektive und der damit zwingend notwendigen Erklärungsversuche aktiv ein Deutungsangebot gesetzt wird, dass dann mantraartig von den gecoachten Sprechern wiederholt wird, in der Hoffnung, hierdurch andere Deutungen zu verdrängen. In Referenz auf das Konzept der *crazy wisdom* finden sich etwa Formulierungen wie: »Wenn der Meister dich verletzt, macht er das nicht aus niederen Motiven, sondern um dein Ego zu befreien«, »Sogyal handelt niemals aus egoistischen Motiven«, »Es existiert keine größere Handlung als der Wille des Meisters«.

Ontologische Verwirrung – Tatsachen werden mit Beziehungen verwechselt

Diese und andere Weisen der Rede, welche des Meisters Heiligkeit als Tatsache feststellen, zeugen von (bewussten) ontologischen Verwirrungen. Über die Intentionen, die innere Haltung und damit auch über die Heiligkeit des Lehrers lässt sich nichts wissen, sehr wohl aber über sein Verhalten. Über Erstere wird geredet, über Letzteres (zumindest in den Vorwürfen) geschwiegen.

Schauen wir im Zusammenhang mit der Schweigeproblematik auf eine kurze Interviewsequenz mit Gerald Müller, der aktiv in einem lokalen Rigpa-Verein engagiert ist und seinerseits in Lerab Ling das Dreijahres-Retreat absolviert hat. Das Interview wurde 2015 geführt, also bevor sich die Gruppe der älteren Schüler und der Dalai Lama von Sogyal abgewendet haben:

> INTERVIEWER »Und da sind wir jetzt in der Recherche irgendwie auf diesen einen Sexskandal gestoßen.»
>
> HERR MÜLLER »Also, ich weiß es, kann sein, dass es sehr offen kommuniziert wird. Ganz einfache Informationsveranstaltungen, das ist sehr proaktiv gemacht worden. Die Umstände sind erklärt worden. [...] Rinpoche selbst äußert sich dazu nicht weiter, und das ist mein Verständnis, wie spirituelle Meister damit umgehen, das ist mir, bin darauf hingewiesen worden, dass es einfach eine Art ist, über persönliche Anschuldigungen nicht reden zu können [...]. Es ist sehr offen darüber gesprochen worden, ja. Und die Leute müssen es eben für sich persönlich durcharbeiten.«

In diesem Interviewtext reproduziert sich deutlich die zuvor herausgearbeitete Problematik des falschen Schweigens. Der Befragte ist (auch an anderen Stellen des Interviews und wie andere befragte Schüler) nicht in der Lage, konkrete Tatsachen, welche den Anschuldigungen zugrunde liegen bzw. sie widerlegen würden, zu benennen. Übrig bleibt allein die Referenz auf die Informationsveranstaltungen der Organisation sowie der Verweis auf das Schweigen des Meisters. Interessant ist hier zudem, dass die vermeintlich eigene Person (»[...] und das ist mein Verständnis«) mit der Instruktion durch die anderen semantisch zu verschwimmen beginnt (»[...] das ist mir, bin darauf hingewiesen worden«). Dass darüber offen geredet wird, bedeutet entsprechend gerade nicht, dass die im Raum stehenden Tatsachenbehauptungen einer objektiven Klärung zugeführt werden, sondern dass das Problem nun in die Sphäre subjektiver »Du«-Positionen verwiesen wird (hier nochmals die interessante Gegenüberstellung: Der Meister kann über persönliche Anschuldigungen nicht reden, aber es wird sehr offen darüber gesprochen). Alle, die das Problem haben, »müssen es eben für sich persönlich durchzuarbeiten«. Wie uns auch andere Informanten bestätigt haben, geht es in den Informationsveranstaltungen dann auch weniger um Informationen denn um eine Art Therapie der Schüler, welche ein Problem mit der Ungewissheit der Situation haben.

Nicht der (vermeintliche) Täter erscheint als Problem, sondern die Menschen, welche mitfühlend an der Perspektive der Opfer teilhaben oder sich gar selbst getäuscht sehen. Was sich hier also diesseits des Schweigens zeigt, ist eine ontologische Verwirrung: Sachverhalte, die objektiv zu klären sind, werden subjektiviert. Die Subjektivität des Meisters – seine angebliche Heiligkeit – wird zur objektiven Tatsache verklärt. Das Schweigen schützt damit kein mystisches Geheimnis, sondern verhindert nur das Aufdecken einer Illusion, die von verschiedener Seite und aus unterschiedlichen Gründen aufrechterhalten werden mag.

Nichts anderes demonstrieren bei genauerem Hinsehen auch die in sich gebrochenen und von Verwirrung zeugenden Aussagen in den Erzählungen vieler Schüler Sogyals.

Kultivierung von Unwissenheit

Das Tragische ist, dass mit diesem Arrangement auch die Spiritualität der Anhänger von Rigpa tiefgreifend korrumpiert wird, denn das falsche Schweigen bringt es als systemische Dynamik *nolens volens* mit sich, dass umso mehr gelogen werden muss bzw. man sich selbst umso mehr etwas vortäuschen muss, je größer die Verwirrung ist. Dies ist allerdings genau das Gegenteil des Kernanliegens buddhistischer Spiritualität, nämlich Klarheit im Hinblick auf die eigenen Selbst- und Weltverhältnisse zu gewinnen.

Da die Lüge wie auch die Täuschung performativ in die Welt kommen, nämlich dadurch, dass jemand sie laut ausspricht, sodass sie sich bei einem selbst wie auch bei anderen gedanklich fortschreiben, können sie nur durch einen performativen Akt geheilt werden. Dies haben der Dalai Lama und die Schüler aus dem engsten Kreis getan, Sogyal Rinpoche jedoch bislang noch nicht. Er verzichtet also auch darauf, wieder zum einfachen Menschen zu werden und als solcher von seinen Schülern geachtet werden zu können.

Auch Herr Klemmer wäre bereit, das anzuerkennen:

> HERR KLEMMER »Ich bin mir ganz sicher, wenn Sogyal Rinpoche dazu einmal Stellung nehmen würde und sagen würde: ›Hey, ich stehe auf junge, hübsche Dinger, und gönnt es mir doch einfach. Ich gebe auch alles für euch. Und glaubt es mir, denen geht es nicht schlecht. Und wenn es einer schlecht geht, dann tut es mir so leid.‹ Dann wäre für mich schon die halbe Sache erledigt. Dann würde ich sagen: ›Ja, das ist ein Mann, zu dem kann ich aufgucken. Ist nicht mein Ding. Mir reicht meine Frau. Aber er versteckt das nicht.‹«

Erst wenn der Lama sich als ein Mensch zeigt, der schwach, verletzlich und fehlbar ist (wie jeder andere Mensch auch), eröffnet sich die Möglichkeit einer mitfühlenden Beziehung jenseits von Überhöhung (Übermensch) und Verwerfung (Unmensch).

Solange dies nicht geschieht, bleibt allen Betroffenen und Enttäuschten nichts anderes übrig, als Mitgefühl für sich selbst und füreinander zu entwickeln. Das heißt in diesem Falle jedoch *auch*: zu akzeptieren, dass wir Menschen uns gerade in spiritueller Hinsicht auf eine tiefgründige Weise irren können und in der Folge durch unser Vorbild und unsere Rede andere Menschen täuschen und daran hindern können, die Dinge so zu sehen, wie sie sind.

Leider – auch dies zeigen unsere empirischen Untersuchungen deutlich auf – bewirkt die Enttäuschung nicht die Befreiung aus der bestehenden Agonie. Die Offenlegung des Fehlverhaltens durch die Mitglieder aus dem inneren Kreis und die Distanzierung des Dalai

Lama von Sogyal Rinpoche führen nicht zu einer Auflösung der bisherigen Konzepte in eine Leere, die – so die soteriologische Hoffnung der buddhistischen Lehren – zugleich mit der befreienden Erfahrung von Glückseligkeit einherginge.

Zu tief haben sich die Arrangements der Täuschung und Lüge in das Gedächtnis der Schüler eingegraben, als dass diese Konzepte wieder losgelassen werden könnten. Die Bedingungen der Möglichkeit einer befreienden Leere sind vielmehr das Vertrauen in die Beziehung zur Gemeinschaft der Praktizierenden und in ihre Lehrer sowie eine Vorbereitung, welche falsche Projektionen in den Lehrer und die Lehren des tibetischen Buddhismus kontinuierlich desillusioniert.

7.3 Illegitime und berechtigte Blindheit

Hiermit kommen wir abschließend zu der für jede religiöse und spirituelle Praxis wesentlichen Unterscheidung zwischen einer berechtigten und einer illegitimen Blindheit. Es ist nicht zu verantworten, die Augen davor zu verschließen, dass jeder spirituelle Lehrer – auch der höchste Lama – nur ein Mensch ist und damit weder allwissend noch in moralischer Hinsicht unfehlbar. Völlig anders stellt sich jedoch die Lage dar, wenn ein Mensch sich der Unsicherheit hingibt, welche die Begegnung mit einer anderen Subjektivität, dem »Du«, begleitet. Denn dies heißt auf einer tiefgründigen Ebene, die Unzugänglichkeit und damit die Transzendenz des eigenen wie des anderen Bewusstseins anzuerkennen.

»Denn sollte es eine berechtigte Blindheit geben, dann besitzt nur die Liebe sie«, formuliert Stanley Cavell im Anschluss an Wittgenstein. Diese Liebe und die mit ihr verbundene Transzendenz kann sich – und jeder, der einmal verliebt war, weiß das – auf die ganze Welt ausdehnen: Doch

> »entdeckt man, dass man sich in die Welt verliebt hat, dann wäre man schlecht beraten, ihren Wert durch den Hinweis auf ihr System der Endursachen lobend zu unterstreichen. Denn damit schwände wohl die Verliebtheit, und man könnte dadurch vergessen, dass die Welt, so wie sie ist, Wunder genug ist.«[99]

---
99 Cavell (2016, S. 684).

Verliebt zu sein heißt, nicht zu wissen, was die Begegnung mit dem anderen bedeuten wird, heißt aber zugleich zu fühlen, wie verwundbar man selbst und der andere ist und dass es wunderbar ist, auf diese Weise den Boden unter den Füßen zu verlieren.

So wird auch verständlich, warum sich nach den traditionellen buddhistischen Quellen das erste Stadium der Erleuchtung – der sogenannte Stromeintritt – durch die Überwindung des Zweifels auszeichnet. Mit Blick auf das vorangehende Zitat lässt sich jedoch bereits erahnen, dass mit dieser Erfahrung weder Gewissheit noch Allwissenheit gemeint sein können, sondern vielmehr die Einsicht darein, dass in der Liebe der Zweifel sinnlos ist.

Zugleich deutet sich hiermit noch etwas anderes an: Wir können uns der Liebe gerade deshalb so schwer hingeben, weil sie uns an die Daseinsmerkmale unserer eigenen Endlichkeit und der abhängigen Bedingtheit unserer eigenen Existenz erinnert. Wir begreifen, wie wir von anderen abhängen und von ihnen verletzt werden können.

Doch in der »Weigerung, unvollkommen sein zu wollen«,[100] und im Verdrängen dessen, dass auch die Menschen, welche wir lieben, unvollkommen sind, verlieren wir nicht nur die Fähigkeit, über die Welt zu staunen. Wir verwickeln uns darüber hinaus in die vielfältigen Tragödien, die entstehen, wenn wir den trügerischen Sicherheiten religiöser, philosophischer und wissenschaftlicher Rede folgen – und damit die Liebe verraten, nach der wir uns in unserem Innersten sehnen.

> »Die menschliche Existenz ist eine kontinuierliche Transzendenz, nicht im Sinne vom Hinausgehen in einen fremden Raum, sondern im Sinne dieser Dynamik, in welcher unsere Körperlichkeit sich in dem Maße wie unsere Beziehungen verändert und umgekehrt«,[101]

formuliert Humberto Maturana. Aus der Perspektive der berechtigten Blindheit können wir uns dem nur hingeben. Aus der Perspektive der illegitimen Blindheit wiederum würden wir den Worten eines anderen glauben, der behauptet, er wisse, wohin die Reise geht.

---

100 Cavell (2016, S. 779).
101 Maturana (1994, S. 170).

7 Verwirrte Spiritualität

Mit Letzterem ist nicht nur der Zweifel vorprogrammiert, sondern sind es auch die Agonien, die entstehen, wenn wir uns gezwungen sehen, den Zweifel in uns zurückzudrängen und bei anderen zu bekämpfen. Rigpa ist nur ein Beispiel davon. Die Geschichte der monotheistischen Religionen wie auch der säkularen Bewegungen ist voll davon.[102]

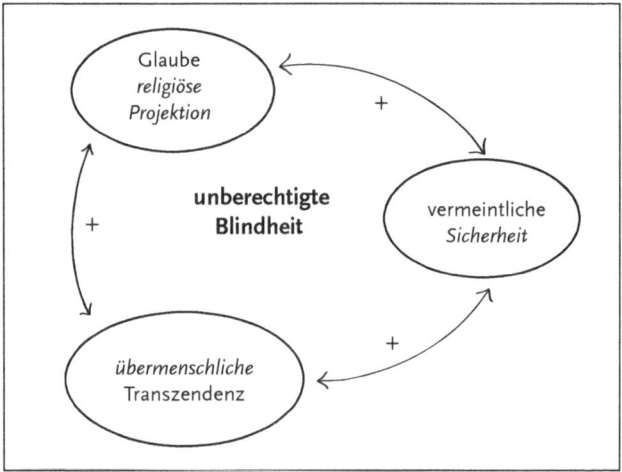

Abb. 14: Unberechtigte Blindheit: Religiöse Glaubensvorstellungen und Projektionen von übermenschlichen Eigenschaften auf den »heiligen Meister« geben eine vermeintliche Sicherheit. Die zugrunde liegende Blindheit ist unberechtigt, da sie Illusionen nährt, die mit fatalen Konsequenzen und schließlich sogar mit Weltverlust einhergehen können.

Sobald wir vom Baum der Erkenntnis essen, droht der Sündenfall – also die Gefahr, Immanenz mit Transzendenz zu verwechseln.

---

[102] Siehe hierzu im Hinblick auf die in diesem Buch beschriebenen Dynamiken Vogd (2018) sowie im Hinblick auf Marxismus, Sozialismus und Anarchismus Camus (2016 [1951]).

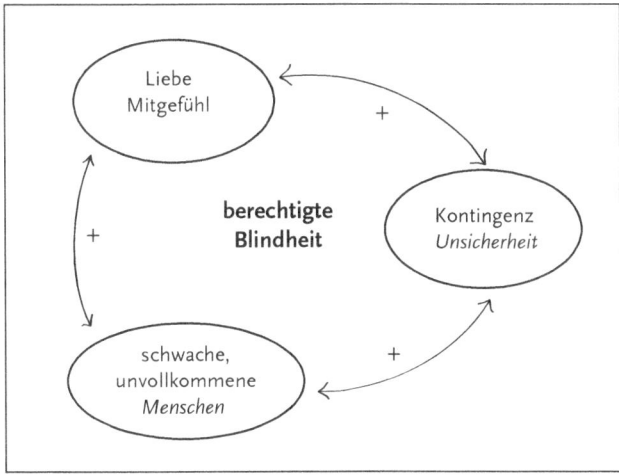

Abb. 15: *Berechtigte Blindheit: Nur die Liebe darf blind sein. Sich ohne Rückversicherung auf der Beziehung zum anderen hinzugeben heißt jedoch zugleich, Unsicherheit zu akzeptieren, denn man kann nicht wissen, was der andere tut. Sich wirklich auf Beziehungen einzulassen bringt es nolens volens mit sich zu begreifen, dass andere Menschen vergänglich und unvollkommen sind. Ihre Schwächen zu sehen und zu erfahren kann wiederum Mitgefühl bedingen. Letztlich führt die Erfahrung von Kontingenz zur Welthaftigkeit und damit in die Beziehungsnetzwerke immanenter Transzendenz.*

Nachwort

Die in diesem Buch aufgezeigten Strukturdynamiken betreffen im Prinzip alle Bereiche, in denen Menschen zusammenkommen, um etwas zu erreichen, was über sie selbst hinausweist. Sei es in den Bereichen Spiritualität, Therapie, Bildung oder Kunst, Theater und Film – überall, wo dies geschieht, kann es zur Verwechslung von immanenter Transzendenz und transzendenter Immanenz kommen. Dann treten Dogmen an die Stelle lebendiger Beziehungen. Mit Blick auf die sie begleitenden Tabus kommt es zur Verwechslung von richtigem und falschem Schweigen. Und in der Verwechslung von illegitimer und berechtigter Blindheit erscheint die Lüge als richtig, wenngleich hierdurch die Fähigkeit zur Liebe – die Fähigkeit, einander offen vertrauen zu können – geopfert zu werden droht.

Auch wenn damit gewissermaßen universelle Probleme unserer *conditio humana* angesprochen werden, die alle Formen unseres spirituellen Strebens berühren, ist abschließend nochmals auf einige Spezifika des tibetischen Buddhismus im Westen hinzuweisen, welche diese Dynamik besonders pointieren.

Eine wichtige Eigenschaft des tibetischen Buddhismus ist die hohe Flexibilität seiner Mittel und Methoden. Unter dem Deckmantel des »geschickten Mittels« lässt sich nahezu alles integrieren. Diese Stärke zeigt sich jedoch zugleich als Schwäche. Durchdrungen von magischen Elementen, faszinierenden Reflexionsfiguren und dem immer mitschwingenden Versprechen, den Tod zu überwinden, erscheint der tibetische Buddhismus als ein Chamäleon, das zugleich die Farben der höchsten Weisheit wie auch der tiefsten Verblendung annehmen kann. Homolog hierzu findet sich in der Geschichte des tibetischen Buddhismus – von Mord und Totschlag über politische Intrigen, die Vermengung von wirtschaftlichen, politischen und religiösen Interessen bis zum fundamentalistischen Fanatismus[103] – wohl kein Bereich menschlicher Abgründe, der nicht auch hier ausgelotet wurde.

Die Menschen, welche in der tibetischen Kultur beheimatet waren, wussten sehr wohl, dass nicht jedem zu vertrauen ist, der behauptet,

---

[103] Siehe zur Einführung in die Verbindung von *Religion und Politik in Tibet* von Brück (2008).

Zugang zu transzendenter Weisheit zu haben. Mit der Diaspora des tibetischen Buddhismus steht die tibetische Kultur jedoch gleichsam mit dem Rücken zur Wand. Gerade auch in ökonomischer Hinsicht ist ihr Überleben wohl nur mithilfe von Unterstützern aus dem Westen möglich. Doch gerade in der westlichen Welt fehlt das Wissen, welches zwischen Gebrauch und Missbrauch der »geschickten Mittel« zu unterscheiden weiß. Ebenso wenig sind im Westen die religiösen Institutionen derart ausgebildet, dass sie gegebenenfalls sanktionierend eingreifen könnten. Während viele westliche Menschen durchaus ein kritisches Verhältnis zu den religiösen Institutionen der christlichen Kultur ausgebildet haben (wenngleich auch hier das Verhältnis von Spiritualität, Religion, Gebrauch und Missbrauch oft noch im Dunkeln liegt), agieren sie im Hinblick auf die buddhistischen Schulungssysteme noch recht unbeholfen. Zudem darf nicht vergessen werden, was gerade auch die in spiritueller Hinsicht deprivierten westlichen Menschen alles an falschen Erwartungen und Hoffnungen in ihre Beziehungen zu den tibetischen Lehrern hineinlegen.

Doch auch im Zusammenhang mit den Problemen, welche die Beziehung zwischen Lehrer und Schüler betreffen, gilt Ernst von Glasersfelds Maxime des Konstruktivismus (die gleichzeitig der Titels eines Aufsatzes ist): »Zuerst muss man zu zweit sein.«[104]

Eine systemische Perspektive, dies folgt schon aus der Grundidee der diese Untersuchung methodologisch leitenden Leerstellengrammatik, hat sich selbstverständlich individueller Schuldzuweisungen zu enthalten und stattdessen auf die Beziehung der Positionen sowie auf ihre wechselseitige Konditionierung zu schauen. Um dies zu verstehen, haben wir alle Aspekte des Beziehungsgeflechtes zu betrachten. Aus diesem Grunde ist das folgende bereits erwähnte Zitat hochgradig illustrativ, denn bereits hier drückt sich die notwendige Multiperspektivität aus:

HERR MARTINI »Ja, Sogyal sagt manchmal, das sind schon wirklich sehr, sehr [lacht] degenerierte Zeiten, dass so jemand wie ich 'n Lehrer ist, dem ihr folgt.« [Beide lachen.]

INTERVIEWERIN »Ja, er hat wirklich Humor.«

---

104 Von Glasersfeld (1990).

Allerdings wird hiermit zugleich auch deutlich, dass das Problem von Rigpa und des tibetischen Buddhismus tiefer liegt, als es die meisten Beteiligten wohl wahrhaben wollen. Aufgrund der aufgezeigten Systemik wird es nämlich nicht reichen, nur den Hauptlehrer auszutauschen. Neue Lehrer (oder Lamas) an die Spitze zu stellen wird genauso wenig helfen wie das Versprechen derer, die doch 30 Jahre lang all dies mitgemacht haben und nun behaupten, es besser machen zu können. Vielmehr wird es auch um die Dogmen und Tabus des tibetischen Buddhismus selber gehen müssen.

Hiermit landen wir nochmals bei der wichtigsten Unterscheidung unseres spirituellen Kompasses: der berechtigten Blindheit der Liebe und der illegitimen Blindheit dogmatisch-religiöser Verblendung.

Schließlich haben wir zu fragen, was wahre Spiritualität auszeichnet. Die für die Spiritualität des tibetischen Buddhismus so wichtige tiefgründige Einsicht in die »Leerheit« wäre damit neu in westliche Problemlagen zu übersetzen. Die geschickten Mittel hierzu wären freilich andere. Die meisten Instrumente aus der Kultur des tibetischen Buddhismus (möglicherweise auch der Tantrismus) würden demgegenüber wohl dann nur noch als blinde Rituale erscheinen.

Nicht nur ein Problem religiöser und spiritueller Gruppen

Die mit diesem Buch aufgezeigten systemischen Dynamiken finden sich in vielfältigen Bereichen menschlicher Gemeinschaft und Gesellschaft. In jeder Organisation, die Menschen prozessiert – sei es erzieht, bildet, bekehrt, coacht, therapiert oder sonst wie auf sie persönlich ausgerichtet ist –, kann schnell eine starke Asymmetrie zwischen den Funktionsträgern und den Empfängern der Angebote entstehen. Da es sich in der Regel um »immaterielle Angebote« handelt und sich die Qualität einer therapeutischen, pädagogischen oder spirituellen Intervention nicht unmittelbar zeigt, bleiben die Kriterien für die Beurteilung einer angemessenen Praxis einerseits unscharf, andererseits bildet sich in den Interaktionen leicht eine hohe Beziehungsintensität heraus, die bei den Betroffenen Gefühle der Dankbarkeit und Liebe auslöst. Die dadurch ausgelösten Gruppendynamiken verstärken ihrerseits das Charisma derjenigen, auf die sich die Hoffnung auf Transformation und Veränderung richtet. Entsprechend fällt es schwer, das zu sehen, was nicht sein darf. Ob man will oder nicht: Viele Felder unseres Lebens sind durch dieses komplexe Verhältnis von Gebrauch und Missbrauch geprägt. Pädagogen, Psychotherapeuten, Ärzte und Priester wissen schon lange davon.

Literatur

Ardussi, J. a. L. Epstein (1978): The saintly madman in Tibet. In: J. F. Fisher (ed.): Himalayan anthropology: The Indo-Tibetan interface. The Hague/Paris (Mouton), pp. 327–338.
Austin, J. L. (1979): Zur Theorie der Sprechakte. (How to do things with words.) Stuttgart (Reclam).
Bachtin, M. M. (1971): Probleme der Poetik Dostoevskijs. (Aus dem Russischen von Adelheid Schramm.) München (Carl Hanser).
Batchelor, S. (2012): Bekenntnisse eines ungläubigen Buddhisten. Eine spirituelle Suche. München (Herder).
Brück, von M. (2008): Religion und Politik in Tibet. Frankfurt a. M./Leipzig (Verlag der Weltreligionen).
Buddhaghosa (2003): Visuddhi-Magga des Buddhaghosa: Der Weg zur Reinheit. (Übers. v. Nyānatiloka.) Konstanz (Christiani).
Butler, J. (2014): Laplanche und Lévinas: Der Vorrang des anderen. In: J. Butler (Hrsg.): Kritik der ethischen Gewalt. Berlin (Suhrkamp), S. 115–136.
Camus, A. (2016 [1951]): Der Mensch in der Revolte. Reinbek bei Hamburg (Rowohlt).
Cavell, S. (2016): Der Anspruch der Vernunft. Wittgenstein, Skeptizismus, Moral und Tragödie. Berlin (Suhrkamp).
Chögyam Trungpa (2001): Crazy wisdom. Boston (Shambala).
Conze, E. (1983): Buddhistisches Denken. Frankfurt a. M. (Suhrkamp).
Dalai Lama (1990): Das Buch der Freiheit. Die Autobiographie des Friedensnobelpreisträgers. Bergisch Gladbach (Lübbe).
Davids, T. W. R. a. W. Stede (1992): Pāli English Dictionary. Oxford (Pāli Text Society).
Derrida, J. (2004): Die différance. In: P. Engelmann (Hrsg.): Postmoderne und Dekonstruktion. Texte französischer Philosophen der Gegenwart. Ditzingen (Reclam), S. 76–113.
Dilthey, W. (1959): Einleitung in die Geisteswissenschaft. (Gesammelte Schriften. Bd. 1.) Göttingen (Vandenhoeck & Ruprecht).
Ducrot, O. (1984): Le dire et le dit. Paris (de Minuit).
Esposito, E. (1993): Ein zweiwertiger nicht-selbständiger Kalkül. In: D. Baecker (Hrsg.): Kalkül der Form. Frankfurt a. M. (Suhrkamp), S. 96–111.
Fuchs, P. (1999): Liebe, Sex und solche Sachen. Zur Konstruktion moderner Intimsysteme. Konstanz (UVK).
Gampopa, D. (1996): Der kostbare Schmuck der Befreiung. Berlin (Theseus).
Garfinkel, H. (1973): Das Alltagswissen über und innerhalb sozialer Strukturen. In: Arbeitsgruppe Bielefelder Soziologen (Hrsg.): Interaktion und gesellschaftliche Wirklichkeit. Bd. 1. Reinbeck (Rowohlt), S. 189–262.

Gévaudan, P. (2010): Sprachliche Modalität zwischen Illokution und Polyphonie. In: D. Jacob et al. (Hrsg.): Romanistisches Jahrbuch. Berlin (De Gruyter), S. 31–66.

Glasersfeld, E. von (1985): Einführung in den Radikalen Konstruktivismus. In: P. Watzlawick (Hrsg.): Die erfundene Wirklichkeit. München/Zürich (Piper), S. 16–38.

Glasersfeld, E. von (1990): Zuerst muß man zu zweit sein. *Systeme. Zeitschrift der österreichischen Arbeitsgemeinschaft für systemische Therapie* 4: 119–135.

Govinda, Lama A. (1992): Die Dynamik des Geistes – Die psychologische Haltung der frühbuddhistischen Philosophie und ihre systematische Darstellung nach der Tradition des Abhidhamma. Bern/München/Wien (Scherz). Günther, G. (1963): Das Bewußtsein der Maschinen. Baden-Baden (Agis).

Günther, G. (1975): Selbstdarstellung im Spiegel Amerikas. In: J. L. Pongratz (Hrsg.): Philosophie in Selbstdarstellungen. Bd. II. Hamburg (Meiner), S. 1–76.

Günther, G. (1976a): Cybernetic ontology and transjunctional operations. In: G. Günther (Hrsg.): Beiträge zur Grundlegung einer operationsfähigen Dialektik. Bd. 1. Hamburg (Meiner), S. 249–328.

Günther, Gotthard (1976b): Das metaphysische Problem einer Formalisierung der transzendental-dialektischen Logik. In: G. Günther (Hrsg.): Beiträge zur Grundlegung einer operationsfähigen Dialektik. Bd. 1. Hamburg (Meiner), S. 189–247.

James, W. (1975): Der Wille zum Glauben. In: E. Martens (Hrsg.): Texte des Pragmatismus. Stuttgart (Reclam), S. 128–160.

Jansen, T., A. von Schlippe u. W. Vogd (2015): Kontexturanalyse – Ein Vorschlag für rekonstruktive Sozialforschung in organisationalen Zusammenhängen. *FQS – Forum Qualitative Sozialforschung* 16: Art. 4 (68 Absätze). (Siehe auch: http://www.qualitative-research.net/index.php/fqs/article/view/2198 [1.12.2018].)

Jantsch, E. (1982): Die Selbstorganisation des Universums. München (DTV).

Kaehr, R. (1993): Disseminatorik: Zur Logik der »Second Order Cybernetics«. Von den »Laws of Form« zur Logik der Reflexionsform. In: D. Baecker (Hrsg.): Kalkül der Form. Frankfurt a. M. (Suhrkamp), S. 152–196.

Kleve, H. (2011): Aufgestellte Unterschiede. Systemische Aufstellung und Tetralemma in der Sozialen Arbeit. Heidelberg (Carl-Auer).

Knoblauch, H. (2009): Populäre Religion. Auf dem Weg in eine spirituelle Gesellschaft. Frankfurta. M. (Campus).

Lakoff, G. (1971): Linguistik und natürliche Logik. Frankfurt a. M. (Athenäum).

Lévinas, E. (1984): Die Zeit und der Andere. Hamburg (Meiner).

Luhmann, N. (1996): Die Lebenswelt – nach Rücksprache mit Phänomenologen. In: G. Preyer, G. Peter u. A. Ulfig (Hrsg.): Protosoziologie im

Kontext: »Lebenswelt« und »System« in Philosophie und Soziologie. Würzburg (Königshausen & Neumann), S. 268–289.
Luhmann, N. (1998): Die Gesellschaft der Gesellschaft. Frankfurt a. M. (Suhrkamp).
Luhmann, N. (2000): Die Religion der Gesellschaft. Frankfurt a. M. (Suhrkamp).
Lutz, A., J. D. Dunne a. R. D. Davidson (2007): Meditation and the neuroscience of consciousness: An introduction. In: P. D. Zelazo, M. Moscovitch a. E. Thompson (eds.): The Cambridge handbook of consciousness. New York (Cambridge University Press), pp. 499–551.
Maturana, H. R. (1994): Neurophilosophie. In: J. Fedrowitz, D. Matejovski u. G. Kaiser (Hrsg.): Neuroworld. Frankfurt a. M. (Campus), S. 152–174.
Merleau-Ponty, M. (1974): Phänomenologie der Wahrnehmung. Berlin (De Gruyter).
Merleau-Ponty, M. (2004): Das Sichtbare und das Unsichtbare. München (Wilhelm Fink).
Nølke, H. (2006): The semantics of polyphony (and the pragmatics of realization). *Acta Linguistica Hafniensia* 38: 137–416.
Norbu, C. N. (2012): Der Weg des Lichts. Sutra, Tantra und Atiyoga. Oberstdorf (Windpferd).
Nyānatiloka (1981): Der Weg zur Erlösung. Konstanz (Christiani).
Ort, N. (2007): Reflexionslogische Semiotik. Zu einer nicht-klassischen und reflexionslogisch erweiterten Semiotik im Ausgang von Gotthard Günther und Charles S. Peirce. Weilerswist (Velbrück).
Rinpoche, S. (1993): Das tibetische Buch vom Leben und Sterben. Bern/München/Wien (Scherz).
Rutter, P. (2002): Sex in der verbotenen Zone. Wie Männer mit Macht das Vertrauen von Frauen mißbrauchen. Freiamt im Schwarzwald (Arbor).
Searle, J. R. (1969): Speech acts. An essay in the philosophy of language. Cambridge (Cambridge University Press).
Thompson, E. (2015): Waking, dreaming, being. Self and consciousness in neuroscience, meditation, and philosophy. New York (Columbia University Press).
Thurman, R. A. F. (2003): Das tibetische Totenbuch oder das große Buch der natürlichen Befreiung durch Verstehen im Zwischenzustand. (Neu übersetzt und kommentiert von Robert A. F. Thurman.) Frankfurt a. M. (Fischer).
Varga von Kibéd, M. u. I. Sparrer (2000): Ganz im Gegenteil. Tetralemmaarbeit und andere Grundformen Systemischer Strukturaufstellungen – für Querdenker und solche, die es werden wollen. Heidelberg (Carl-Auer), 10. Aufl. 2018.
Vogd, W. (2014a): Problematische Selbstverhältnisse und Vermittlung. Qualitative Therapieforschung als Rekonstruktion der Reflexionsverhältnisse. *Kontext (Zeitschrift für systemische Therapie und Familientherapie)* 45: 7–22.

Vogd, W. (2014b): Welten ohne Grund. Buddhismus, Sinn und Konstruktion. Heidelberg (Carl-Auer).
Vogd, W. (2017): Buddhistische Praxis und Sprache. In: A. Lasch u. W.-A. Liebert (Hrsg.): Handbuch Sprache in der Religion. Berlin (De Gruyter), S. 154–178.
Vogd, W. (2018): Selbst- und Weltverhältnisse. Leiblichkeit, Polykontexturalität und implizite Ethik. Weilerswist (Velbrück).
Vogd, W. u. J. Harth (2015): Die Praxis der Leere. Zur Verkörperung buddhistischer Lehren in Erleben, Reflexion und Lehrer-Schüler-Beziehung. Weilerswist (Velbrück).
Vogd, W., J. Harth u. U. Ofner (2015): Doing religion im Phowa-Kurs: Praxeologische und reflexionslogische Studien zum »bewussten Sterben« im Diamantweg-Buddhismus [125 Absätze]. *FOS – Forum Qualitative Sozialforschung* 16: Art. 3 (125 Absätze). (Siehe auch: www.qualitative-research.net/index.php/fqs/article/view/2320 [1.12.2018].)
Watzlawick, P. (1990): Wie wirklich ist die Wirklichkeit? Wahn, Täuschung und Verstehen. München (Piper).
Weber, A. (2003): Natur als Bedeutung. Versuch einer semiotischen Theorie des Lebendigen. Würzburg (Königshausen & Neumann).
Wilmes, E. (2018) Nicht-Dualität. Dōgen Zenji trifft Michel Henry. Das absolute Idem des Zen. Eine Übersetzung unter dem Blickwinkel der radikalen Lebensphänomenologie. Nordhausen (Traugott Bautz). [= Diss. der Philosophischen Fakultäten der Universität Prag und der Universität Witten/Herdecke.]
Wittgenstein, L. (1989): Vortrag über Ethik und andere kleine Schriften. Frankfurt a. M. (Suhrkamp).
Wittgenstein, L. (1990): Tractatus logico-philosophicus. Logisch-philosophische Abhandlung. Leipzig (Reclam).
Žižek, S. (2015): Blasphemische Gedanken. Islam und Moderne. Berlin (Ullstein).

Über den Autor

Werner Vogd, Dr., Professor für Soziologie an der Fakultät für Kulturreflexion der Universität Witten/Herdecke. Schwerpunkte: Systemtheorie und rekonstruktive Sozialforschung, Organisation und Entscheidungsprozesse, Naturwissenschaftliche Denkformen, Religionssoziologie, insbesondere Buddhismus. Aktuell: DFG-Projekt »Buddhismus im Westen«.

Kontakt: *werner.vogd@uni-wh.de*

Fritz. B. Simon

Anleitung zum Populismus
oder: Ergreifen Sie die Macht!

126 Seiten, Kt, 2019
ISBN 978-3-8497-0297-7
Auch als **eBook** erhältlich.

Im Gegensatz zu den vielen akademischen Versuchen, die Grundlagen des Populismus zu analysieren, stellt Fritz B. Simon in diesem Buch die Methoden des Populismus konkret und leicht nachvollziehbar in Form von Handlungsanweisungen dar, so dass sie jedermann befolgen (oder auch bekämpfen) kann.

Populismus ist keine Rocket Science. Seine Strategien und Taktiken nutzen die Spielregeln der repräsentativen Demokratie, um sie ad absurdum zu führen und illiberale, autoritäre Strukturen einzuführen. Populisten bedienen sich charakteristischer kommunikativer Techniken und einer Sprache, die Massen auf die Straßen und an die Wahlurnen bringt. Die Lektüre dieses Buches ist daher zwangsläufig ambivalent: Es liefert die Rezepte, die Macht in einer bis dahin einigermaßen funktionierenden Demokratie zu ergreifen, es deckt aber auch auf, dass diese Methoden schon längst praktiziert werden und Widerstand nötig ist.

Carl-Auer Verlag • www.carl-auer.de

Werner Vogd

Welten ohne Grund

Buddhismus, Sinn und Konstruktion

269 Seiten, Kt, 2014
ISBN 978-3-8497-0036-2

Konstruktivistische Ideen und buddhistische Lehre haben mehr gemeinsam als allgemein gedacht. Werner Vogd zeigt jene Gemeinsamkeiten auf, die sich von anderen philosophischen oder religiösen Anschauungen radikal unterscheiden.

So kann der Dialog zwischen Buddhismus und Konstruktivismus für alle Partner ein Nachhausekommen bedeuten. Wir lernen, in einer Welt ohne Grund heimisch zu werden, und beginnen, unser Leben als Praxis oder als Übung zu begreifen. Diese Übung ist die Übung schlechthin: Es geht um die Kunst des Lebens als Kultivierung der Fähigkeit, das Geschenk der Vergänglichkeit annehmen zu können und auf einer tiefen Ebene glücklich zu sein.

„Ein äußerst niveauvolles Buch, das eine viel zu lange undeutlich gebliebene Beziehung ausleuchtet: die Verbindung von Konstruktivismus und Buddhismus. Werner Vogd ist ein gleichermaßen sensibler und gebildeter Experte für beiden Welten. Er nimmt den Leser auf eine Erkenntnis- und Erkundungsreise mit, die staunen lässt. Selten wurde so klug und frei von banaler Esoterik über die Verbindung von Wissenschaft und Spiritualität geschrieben."

Prof. Dr. Bernhard Pörksen
Universität Tübingen,
Lehrstuhl für Medienwissenschaft

Rolf Arnold

Ach, die Fakten

Wider den Aufstand des schwachen Denkens

178 Seiten, Gb/SU, 2018
ISBN 978-3-8497-0226-7

Auch als  erhältlich.

„Fake News", „postfaktisches Zeitalter", „Lügenpresse", „Verschwörungstheorie" sind nur einige der Kampfbegriffe aus den inszenierten Redekämpfen in Talkshows und anderen öffentlichen Auseinandersetzungen. Wie wenig mit ihnen gesagt ist und welche Folgen das dahinterliegende „schwache Denken" hat, entlarvt Rolf Arnold in wünschenswerter Deutlichkeit. Das Bedürfnis, „Experten" zu folgen, wird durchaus ernst genommen, die Gefahren, die daraus entstehen, aber genauso schonungslos reflektiert.

Der Unsicherheit und der Suche nach Orientierung und Hilfe von Menschen oder Institutionen, die es „wissen müssen", setzt Rolf Arnold sog. metafaktische Kompetenzen entgegen. In 10 Schritten entwickelt er Maßnahmen zur Vermeidung schwachen Denkens bei sich selbst und stellt Kriterien für den verantwortungsvollen Umgang mit der Wirklichkeit vor: Beteiligung, Selbstdistanz, Zirkularität, Reflexivität, Kontemplation sind einige davon.

Gestützt auf seinen umfassenden Überblick über geistesgeschichtliche, wissenschaftliche und politische Entwicklungen gibt Rolf Arnold Handlungsvorschläge dafür, sich – ganz im Sinne klassischer Aufklärung – seines eigenen Verstandes zu bedienen.

Ein notwendiges Buch zur rechten Zeit!

Carl-Auer Verlag • www.carl-auer.de

Bernhard Pörksen | Friedemann Schulz von Thun

Kommunikation als Lebenskunst

Philosophie und Praxis des Miteinander-Redens

217 Seiten, 25 Abb., Kt
2. Aufl. 2016
ISBN 978-3-8497-0173-4
Auch als **eBook** erhältlich.

Dies ist ein Buch über die großen und kleinen Fragen der Kommunikation, ein Dialog zwischen dem Psychologen Friedemann Schulz von Thun und dem Medienwissenschaftler Bernhard Pörksen.

Gleichermaßen humorvoll und ernst, mit Lust an der Debatte und der erhellenden Zuspitzung entfalten die Autoren die zentralen Modelle der Kommunikationspsychologie (das Kommunikations- und Wertequadrat, die Metapher vom Teufelskreis und das Bild vom inneren Team, das Situationsmodell und das Ideal der Stimmigkeit) und zeigen, wie sich humanistische Psychologie und systemisches Denken, die Betrachtung innerer und äußerer Kräftefelder produktiv verbinden lassen. Überdies wird deutlich, wie sich die verschiedenen Modelle und Perspektiven in der Praxis (Coaching, Pädagogik, interkulturelle Kommunikation) bewähren.

Den Schluss des Buches bildet ein Gespräch über das Glück und den Tod und die Frage, was Kommunikation im Angesicht der eigenen Endlichkeit zu leisten vermag. Offenbar wird so das Panorama eines Denkens, das keine Fertig-Rezepte der besseren Lebensführung bietet, wohl aber Reflexionswerkzeuge und gedankliche Geländer für individuell stimmige Lösungen.